FX職人
笹田喬志
Takashi Sasada

ディフェンス

僕が目指しているのは、「鉄壁FX」。

一発逆転や奇跡の大成功ではなく、絶対に大負けしない、**ディフェンス力MAXの高勝率トレード**。

だって、FXに「波乱万丈」の感動ドラマや「成り上がり」ストーリーは必要ない。

FXに、スリルやワクワク感なんて、毛の先ほどもいらない。だって、そうでしょ？

FXは稼いでナンボ！

だから、本書は徹底的に**「具体的な解説」**にこだわりました。**初心者でも再現できるよう**に、「これでもか！」というぐらい易しく書きました。

ど素人でも理解できるよう、ゼロから記したつもりです。

高勝率

力MAXの

どうか皆さん、FXという「学問」を究めるつもりで、本書を読んでください。

「学問って大げさすぎ！　たかがＦＸだろ」

もしあなたがそう思ったのであれば、こう言い換えましょう。

僕のＦＸは**「統計学」**的である、と。

なぜ「統計」という言葉を使うのか？
それは、この本の手法が、**「統計的に勝てるかどうか、過去検証を経たもの」**だから。

百聞は一見にしかず。
ページをめくってください。
僕のメイン手法の１つ、「スナイプトレード」の検証例を挙げましょう。

トレード。

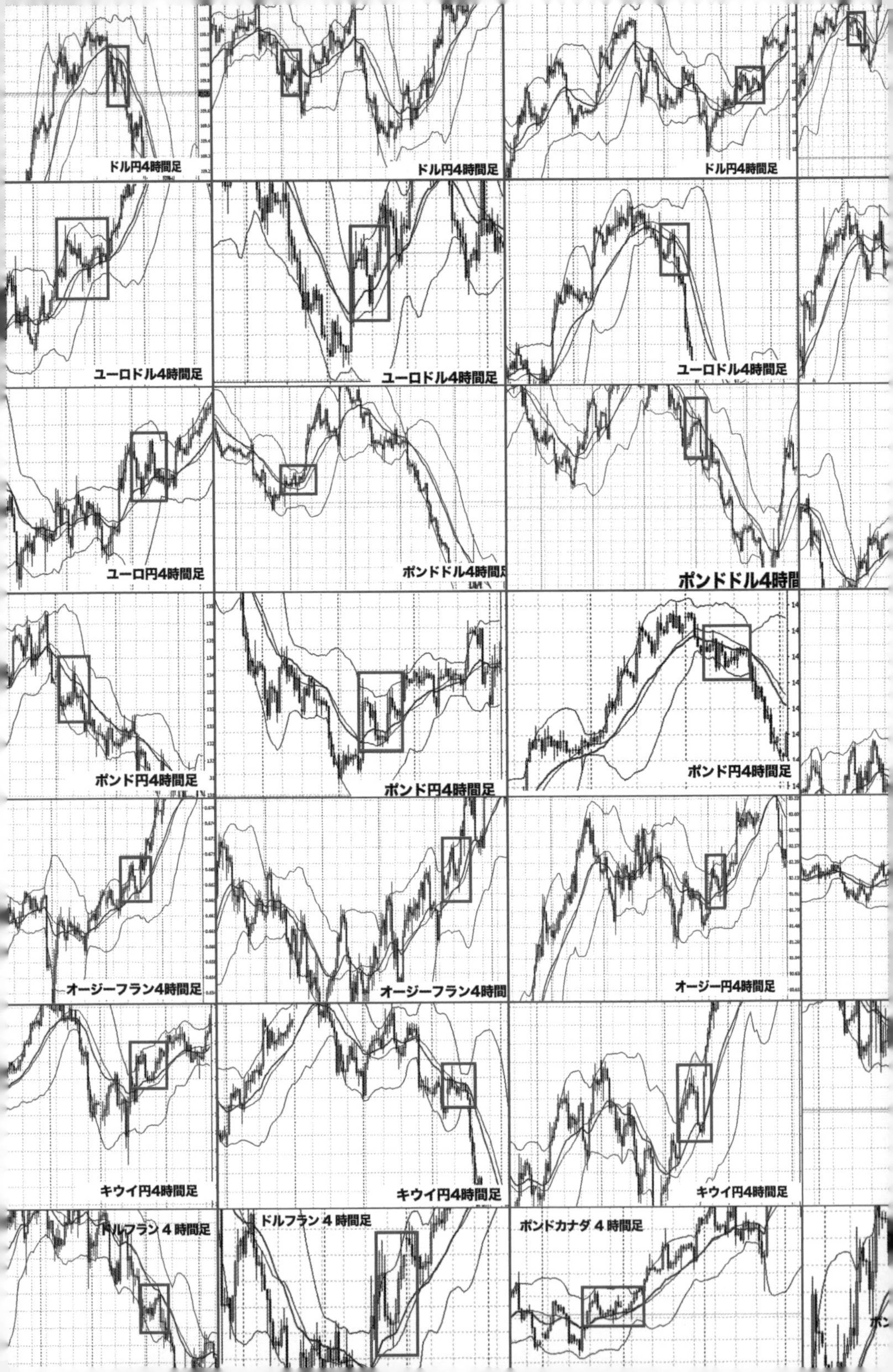
ドル円4時間足
ドル円4時間足
ドル円4時間足
ユーロドル4時間足
ユーロドル4時間足
ユーロドル4時間足
ユーロ円4時間足
ポンドドル4時間足
ポンドドル4時間
ポンド円4時間足
ポンド円4時間足
ポンド円4時間足
オージーフラン4時間足
オージーフラン4時間
オージー円4時間足
キウイ円4時間足
キウイ円4時間足
キウイ円4時間足
ドルフラン 4 時間足
ドルフラン 4 時間足
ポンドカナダ 4 時間足

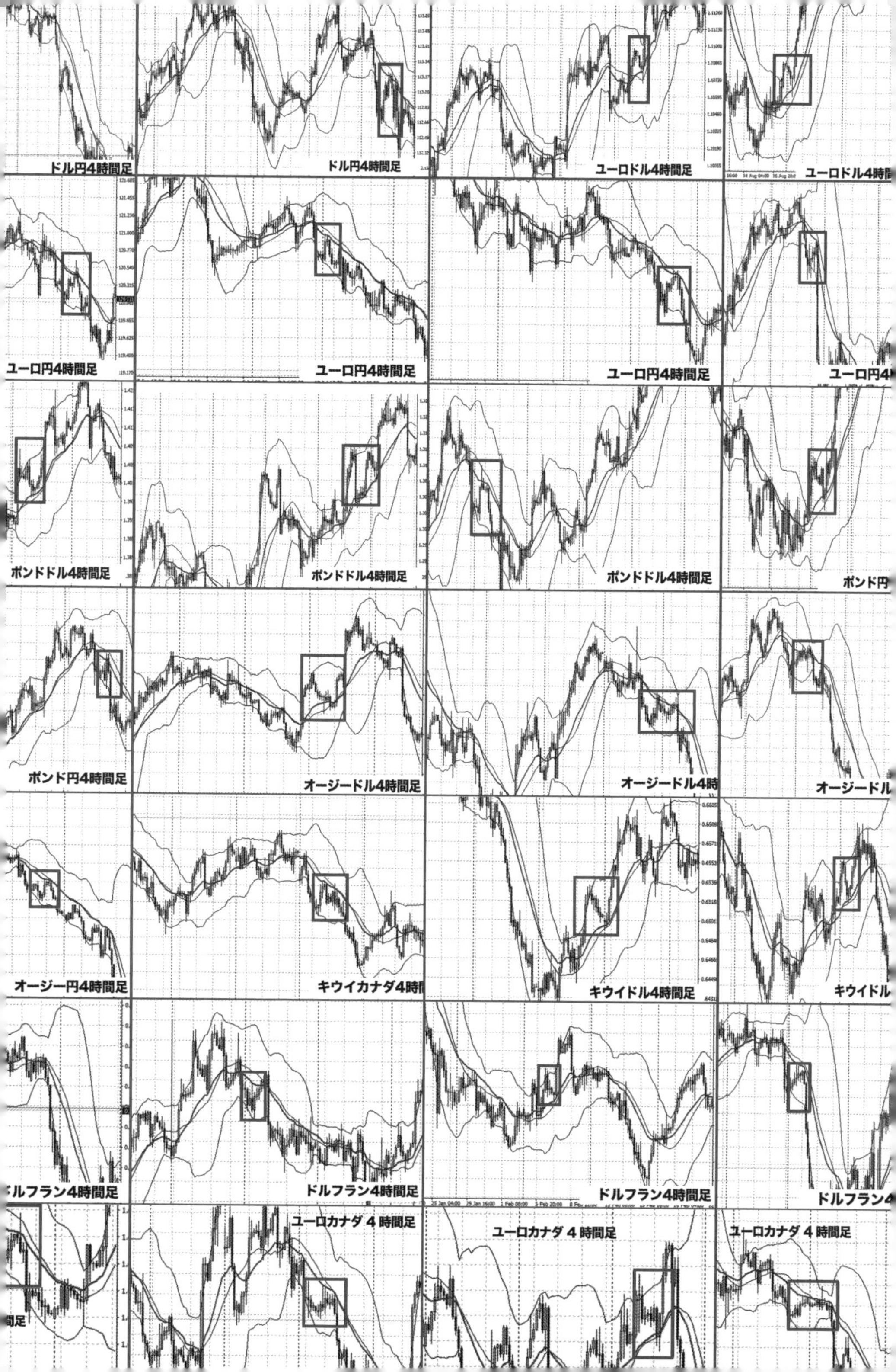

ドル円4時間足
ドル円4時間足
ユーロドル4時間足
ユーロドル4時間足
ユーロ円4時間足
ユーロ円4時間足
ユーロ円4時間足
ユーロ円4
ポンドドル4時間足
ポンドドル4時間足
ポンドドル4時間足
ポンド円
ポンド円4時間足
オージードル4時間足
オージードル4時
オージードル
オージー円4時間足
キウイカナダ4時
キウイドル4時間足
キウイドル
ルフラン4時間足
ドルフラン4時間足
ドルフラン4時間足
ドルフラン4
間足
ユーロカナダ 4 時間足
ユーロカナダ 4 時間足
ユーロカナダ 4 時間足

はじめに

FXを「生涯スキル」にして月収30万円台に

こんにちは、僕はYouTube「ささっちのトレード大学チャンネル」や「FX・暗号通貨のトレード専用ブログ・トレード大学」を運営している専業FXトレーダーの笹田と申します。

のっけから、チャートをぶわーっと並べちゃって、すみません！

冒頭で説明したとおり、これは僕が「スナイプトレード」と呼んでいる手法を過去検証したときのもの。

この調子で並べると、ページが何枚あっても足らないのですが、ドル円などメジャー通貨からキウイカナダドルといったマイナー通貨まで、MT4で僕が常時監視している28通貨ペアを対象に調べてみました。（検証期間2018年1月1日～2019年10月31日。4時間足チャート）。

そして、僕自身が「これは取引したい（すでに取引した）」と判断したシグナル（チャートの青い□で囲った部分）が登場したのは、全部で295回。

「勝ち」と判断できる値動きになったケース以外は、「負け」にカウントすると、**勝敗は197勝98敗。勝率は66.7%**という結果になりました。

僕の「スナイプトレード」以外のメイン手法２つ、「S（スーパー）スナイプトレード」「鉄壁フラッグトレード」も検証済みで、その勝率は次のとおり。

- **Sスナイプ＝87.5%（21勝3敗）**
- **鉄壁フラッグ＝85.4%（35勝6敗）**

※鉄壁フラッグトレードは、主要8通貨ペア、同一期間で検証。詳細は152ページ

Sスナイプは本書タイトルのとおり、**なんと勝率87.5%！**

こんなふうに、**統計的に勝率の高い機会でしかトレードしないのが、僕の「鉄壁ＦＸ」の特徴**です。

はじめは200万円を1年で溶かした僕、でも…

日々、為替相場と悪戦苦闘してはや15年。こつこつ真面目にFXトレードに取り組み、**なんとか10数年かけて資産1億円の大台に**ようやく到達しました。

おかげさまで、2014年にはFXで儲けた利益でマイホームを建てることもできました。

今は1億円の資金を**年率20%で増やしています。**

稼いだ利益約2000万円から税金を引いたお金で、毎年の生活費や子供の教育費をまかなう日々。

40代・既婚・子もち世帯としては人並み以上の生活を送らせてもらっています。普通のサラリーマンの方とは違って、トレードチャンスがなさそうな昼間は子供と遊ぶ時間もたっぷりあり、かなり自由で、のほほんとした毎日。奥さんとの仲も良好です。

FXが持つ「自分年金」の効果。その恩恵を受けるために、どうやって技術を磨けばいいか——FXトレードで稼ぐためのスキルをみなさんに伝えたくて、この本を書くことにしました。

むろん、この本を手にとられた方の中には、

「手っ取りばやく、大金持ちになりたい！」

そう考えている人もいると思います。

でも、その気持ちは捨てたほうがいい。

僕もそんな思いでサラリーマンを辞め、ネットワークビジネスや中古品転売ビジネスなどで惨敗した挙句、2005年、FXにたどりつきました。

一発逆転する気持ちでFX会社に入り、自分でもFXを始めたものの、**当時の僕にとっては死ぬほど大切な自己資金200万円を1年であっという間に溶かす、痛すぎる結末**。

しかも、そのFX会社は、社長が顧客の資金を勝手に自己売買につぎ込んで破たん。一ヒラ社員として、損失をこうむったお客様の対応に追われ、

壮絶な「FX地獄」に直面することになりました。

結局、甘い話なんてない。そう悟った僕は、職人が自分の腕を磨くように、日々FX技術を向上させました。時が経ち、フサフサだった僕の頭髪は薄くなり、神々しい輝きを放つように……（笑）。

気分はすっかりFX和尚です。

でも、そのころには、有り難いことにFXの稼ぎだけで暮らせるように。

トレードを教える側になって、最近つくづく思うのは、「なにがなんでもFXでお金儲けしたい」という**切羽詰まった思いが、逆にFXトレードで失敗する大きな原因**になっていることです。

元手10万円、月1トレード、初心者でもできる

でも僕の実体験が示すとおり、その「渇望」は「地獄」を招きます。

だから皆さん、「一発逆転」的な発想を捨て、現実的に「余裕」を持ってトレードしましょう。**僕の手法は職人的な堅実派。**「秒速で億」とか狙うタイプではないけど、**リアルに考えたら月収35万円だって「超」がつくほど有り難くないですか？** 一人暮らしなら不自由なく暮らしたうえ、貯金だってできます。贅沢しなければ、家族だって養うことも可能でしょう。

僕のブログ「トレード大学」の生徒さん（初心者）の中には、Sスナイプだけに絞った月イチトレードを100万円の元手で始めて、年間成績プラス100万円以上、つまり資産倍増に成功した人もいます。この調子でいけば、この生徒さんはあと1年とちょっとで**月収35万円達成**です。

もちろん**元手は10万円から始めてもOK。僕の手法は月1トレードでもできるし、超シンプルなので、初心者の会社員でも可能**です。

本業とは別に月々5万円の副収入があるだけでも、ものすごく生活がラクになります。FXで月10万円稼げれば、ちょっとした外食や住宅ローンの返済に使うこともできます。

本書の目標、月30万超の利益をコンスタントに出せれば、その半分はFXに再投資、残りの半分を貯金することで、老後不安も解消です。

「秒速で億」より、はるかに現実的な「30年で2.37億」

コツコツでも着実に増やせたら、長い目で見れば億万長者になれます。**図1**でもわかるように、もし100万円の資金を毎年20%の利回りで増やして複利運用できれば、26年目には1億円の大台乗せに成功、**30年後にはなんと2億3737万円**まで資産を増やせるのです。

ウサギとカメなら、僕はカメ。

でも、そんなドンガメでも「FXで年利20%」を達成できるトレードスキルを手に入れることができたら、もー、人生怖いものはありません。

「トレードスキルは、生涯スキル」これ、僕が大好きな言葉です。

「いつでも好きなときに好きなだけの金額を、為替相場から引き出す」

FX相場をATMのような存在にする。それが、みなさんに提供したい「FXの理想像」。

いや、その理想を現実にできるよう、僕は本書を書いたつもりです。

図1 年利20%なら100万円が30年後に2.3億

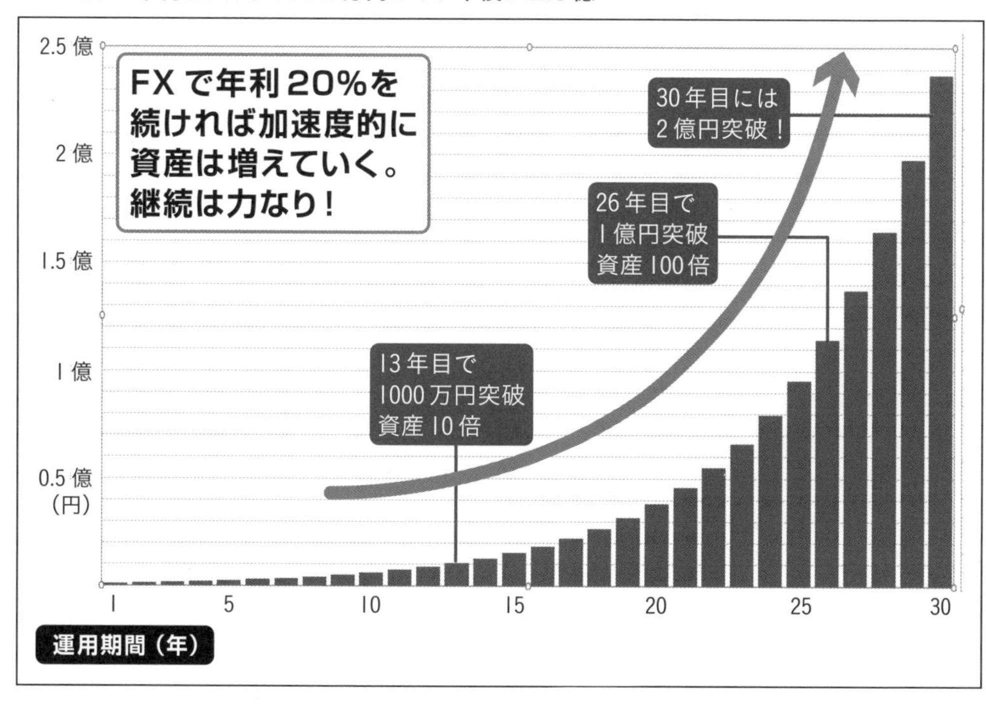

１章では、**負け組トレーダーにありがちな思考傾向を、行動経済学の理論から科学的に検証**しました。コツコツ稼いでドカンと負ける、「コツコツドカン病」の克服なくして、稼ぐことはできません。

２章では、「笹田式トレード日記」の付け方を記しました。**Twitterにアップしてくれたら僕が直接添削もします**。日記ってつけない人も多い。地味でめんどいから。でもゼッタイ必要なので、ここは、飛ばし読み禁止。

３章では、**環境認識の技術**を。シグナルにダマされる人の多くは、大局観がありません。シグナルとはいうなれば「木」で、相場観という「森」を把握してこそ、効力を発揮するもの。そのことを学んでください。

４章では、**「サポレジ転換+20MAタッチ」を軸とした、僕が「スナイプトレード」と呼んでいる手法を伝授**します。スナイプの進化形「Sスナイプ」は、勝率87.5%の超稼げる手法。必ず頭に叩きこんでください。

５章は、勝率85.4%の笹田式「鉄壁フラッグトレード」。**トレンド継続型のチャートパターンのひとつ「フラッグ」がサポレジ転換に絡むケースは、僕的には「王様」といっていいほど最強のエントリートリガー**です。

チャートドリルもたくさん用意しているので、「サポレジ転換って何？」というレベルの初心者も、解くだけで身につけることができるでしょう。

①自分の手法を徹底的に過去検証
②勝率をチェック
③「武器になる手法かどうか」を統計的に判断

本書で紹介するスキルは、この３つのステップを踏んで合格したものだけ。だから、みなさんはどうぞ安心して学んでください。

あなたが本気でＦＸを勉強したいのであれば、僕もそれに本気で応えたい。だから**出し惜しみせず、本気で書きました**。

ど素人・初心者は目次のあとのQuizから、中級者はQuizを飛ばして第１章から読んでいただければ幸いです。さあ、前置きはここまで！

さっそくこれから、あなたに**稼ぐためのスキル**をお伝えしましょう。

鉄壁FX

Contents

第1章

FXを生涯スキルに！「最強メンタル」育成法

FXを「お金のなる木」にする「確率論」的な思考法！

第2章

鬼速で成長する「トレード日記」のつけ方

地味だけど最強の「トレード日記のつけ方」教えます

第3章

ダマシは「環境認識」で見抜く 笹田式トレード基礎編

FXトレードに必須の「環境認識」とは？

第4章

勝率87.5%「スナイプトレード」の奥義

サポレジ転換+20MAタッチで「相場の転換点」を狙い撃ち！

第５章

初心者でも月収35万！「鉄壁フラッグトレード」

初心者や負けてる人にオススメ 勝率85.4%の「鉄壁フラッグ」

Quiz

このあと、上がる？　それとも下がる？

FXというと、「一攫千金」「夢の億万長者」といった派手なイメージから「怖い」「危ない」「絶対損するんでしょ」というネガティブな見方まで、さまざまな印象をもたれています。

でも、やっていることは実はとてもシンプルです。

一言でいえば、「クイズ」みたいなもの。

「北半球でトイレを流すと渦は右巻き？　左巻き？」（答え・左巻き）と同じように、「このあと為替レートが上がる？　下がる？」という質問に答えて、当たればピンポーン！　賞金をもらえるのが、FXというクイズです。

そこで、問題です！　**図2**は為替レートの値動きを示した「チャート」と呼ばれるグラフですが、このあと、上がりますか？　下がりますか？

図2　FXは値動きの未来を予測するクイズ！

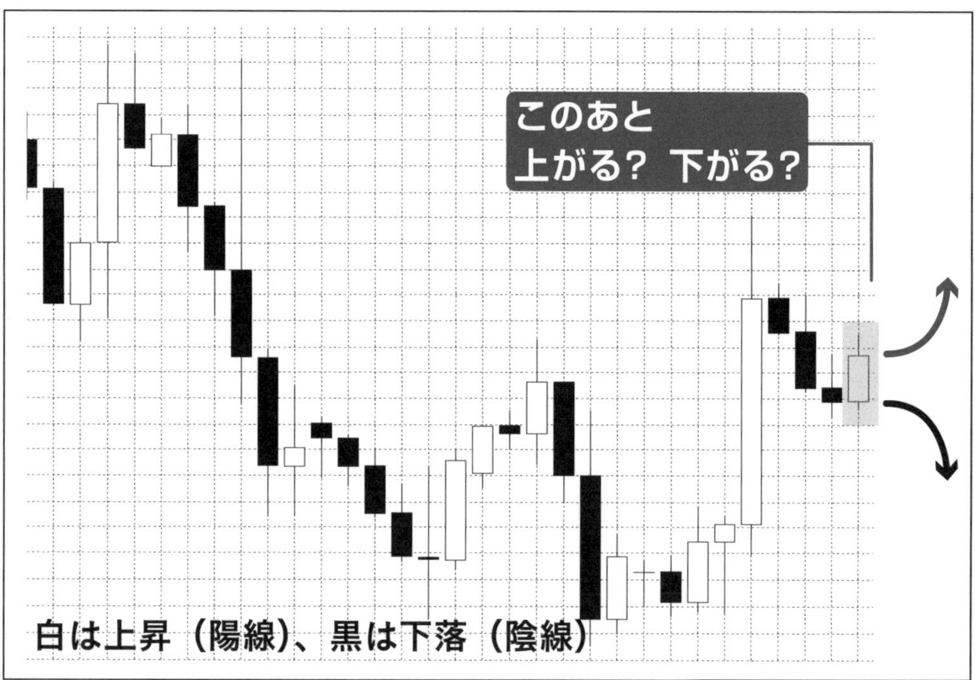

「おいおいおい、これだけじゃあ、わかんないよ」

という声が聞こえてきそうです。

そこでヒント！

図の中に一本、水平線を引っ張ってみました。

図 3の値動きを見ると、為替レートはずっと下がって安値①をつけたあと、高値②まで上昇。その後、また下落して安値③をつけたあと、トントン拍子に上昇して大きな陽線（④）が出現しました。

水平線はちょうど安値①をつけたあとに反転上昇した高値②のローソク足の実体部分の上辺を通るように引きました。

安値からもみあったあと、グイーンと上昇した大陽線④はその水平線を突破しています。

「これは上がるな！」と思いませんか？

でも、そのあとを見るとどうでしょう。勢いよく上昇した大陽線④のあと、続いて３本も陰線が出て為替レートは反転下落。水平線を下回りまし

図3　値動きの節目に水平線を引いて状況把握!

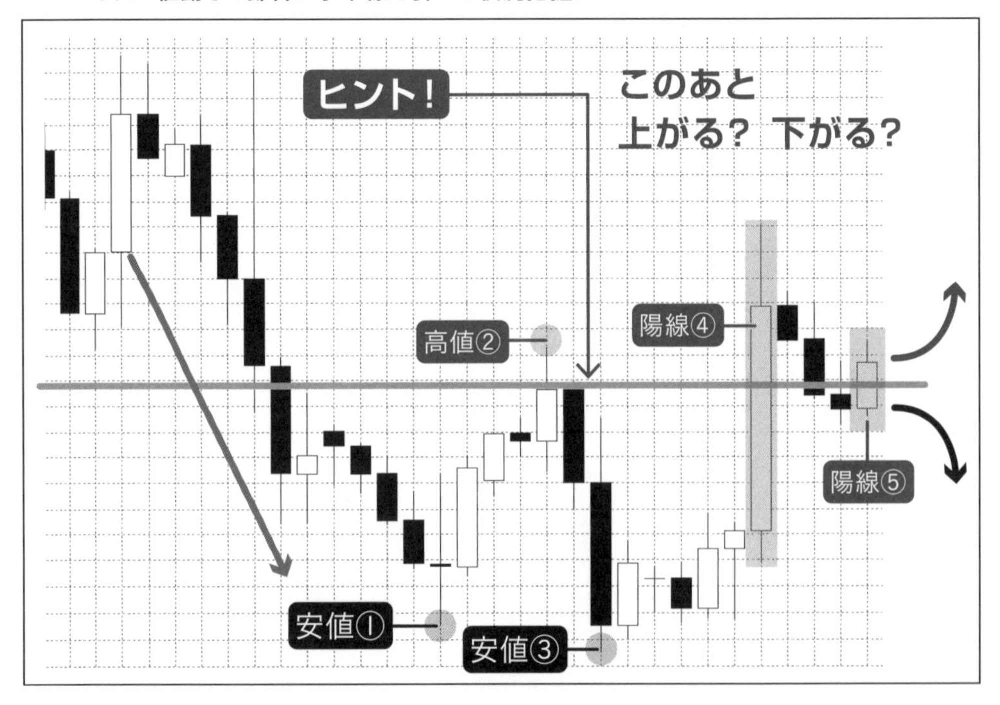

た。「このまま下がっちゃうかも」と思える動きです。

——と思ったら、ふたたび陽線⑤が出て、水平線を回復してきました。

ということで、陽線⑤が出たあと、上がるか？　下がるか？

FXというクイズでは、上がると思うなら買い、下がると思ったら売り、というように、行動、すなわち取引しないと賞金はもらえません。

そこでもうひとつ、ヒント！　これまでのチャートは1本のローソク足が4時間分の値動きを示す**4時間足**でしたが、下の**図4**は1本のローソク足が30分間の値動きを示す**30分足**と呼ばれるチャートです。

4時間は30分足でいうと8本分の値動きになりますから、前ページ**図3**の陽線⑤の値動きは、下の**図4**の四角い枠で囲った部分になります。

30分足という短い時間軸で見ると、値動きの印象がかなり変わりますよね。ただ、4時間足で引いた水平線をふたたび突破して上昇し始めているのは、30分足でも確認できます。

さあ！　上がるか、下がるか、ご自分なりの答えを出してみてください。

図4　時間軸の短いチャートで細かい動きを確かめる！

ジャン。**図5**のとおり、答えは「急上昇する！」でした。

正解された方、あなたにはFXで稼げる才能があるのかもしれません。

不正解だった方、まったく問題ありません。このクイズを解くことを少しでも「おもしろい、楽しい」と思えるようなら、あなたにもFXでお金儲けできる素質は十二分にあります。

なぜなら、FXというクイズには100%絶対に正しいという正解はないからです。

「それじゃあ、クイズといえないじゃん」といわれれば、その通りですが、FXトレードは単に「上がるか、下がるか」を予想するだけでなく、**「じゃあ、どこで新規取引（エントリー）して、どこで決済（エグジット）するか」という売買プラン**を立てることで初めて儲かるもの。

紹介したチャートは実際に僕が買いで勝負して儲けた米ドルカナダドル（米国のドルとカナダのドルを交換する取引）の2019年9月12日正午の値動きですが、次ページに僕の売買プランを掲載しました。

図5　水平線の役割転換に注目すると未来が見える！

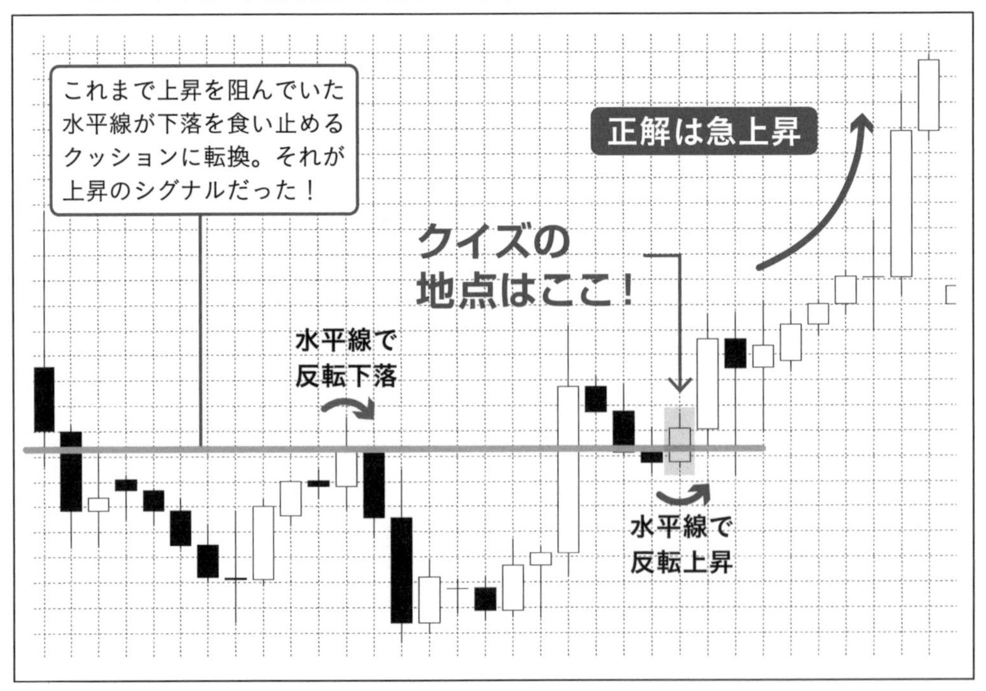

僕はこのとき、**図6**の30分足チャートにも反映させた4時間足の水平線を上抜けた陽線①が、直近の陰線の上ヒゲを越えたときに10Lot（Lotは売買の最低単位のこと。海外FXでは通常10万通貨)、100万通貨分の買いを入れました。

しかし、ただ買うだけでなく、FXというクイズでは自分自身で答えの「正解」「不正解」を決めないといけません。

つまり、どこまで予想通り上がったら利益を確定するかという「正解」と、予想に反してどこまで下がったら損失を確定して取引をやめるか、という「不正解」をあらかじめ自分で決めておくゲームなんです。

エントリーと同時に、僕は利益確定ラインを②の直近高値、損切りラインを直前のレンジ（横ばい）相場の下限に位置する安値③に設定しました。

エントリー直後は僕の予想に反して、下ヒゲの長い十字線④が出現。

十字線④の下ヒゲからさらに下がって損切りライン③にちょっとでもタッチしていたら、その後、どれだけ予想通り、為替レートが上昇しても、

図6　FXの売買プランは決済場所もかならず考える

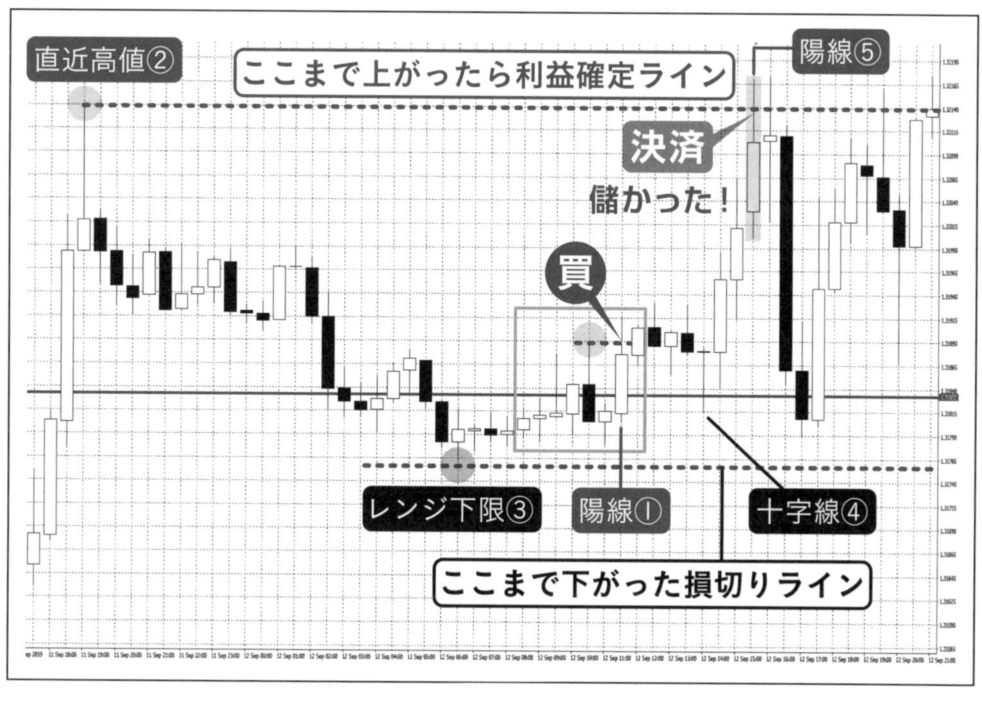

僕の取引は失敗に終わってしまいます。

しかし、十字線④のあとは陽線が連発して上昇。当初設定した通り、直近高値ライン②を越えた大陽線⑤の上ヒゲで利益確定できました。

獲得したpips(「pip」とは為替レートが値動きする最低単位)は25pips(0.0025カナダドル)。そのときの1カナダドルは約81.6円だったので、0.0025カナダドル×81.6円×100万通貨で約20万4000円の儲けに!

しかし、当初のプラン通りに決済していなかったらその後、大陰線が出て利益が帳消しになっていました。

しかも、そのあとはさきほどの4時間足でも見たような急騰が続いたわけですから、**「予想は当たっていたのに売買プランのせいで失敗した」という、悔しい結果になる可能性も**あったというわけです。

100%答えのないクイズを解くのはドキドキ、ヒヤヒヤの連続。

最も大切なのは絶対に相場というゲームから退場しないこと。トレード回数を絞り、勝率を上げることで「鉄壁のディフェンス力」を鍛えながら、数少ないチャンスをものにする守りのFXです。当然、**なにごとにも動じない不動のメンタルも必要**になってきます。先ほど、紹介した為替レートの値動きと一本の水平線。この動きの中(下図)に、FXトレードで月5万、10万、いや20万、30万円を着実に稼げる勝率8割の「真実」が隠されています。

それはなにか？　本書を読み進めれば、その答えがわかります！

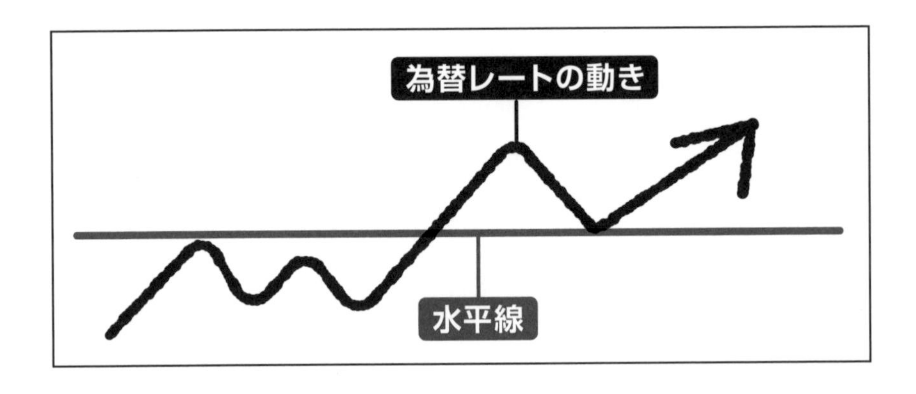

第1章

FXを生涯スキルに！「最強メンタル」育成法

FXを「お金のなる木」にする「確率論」的な思考法!

欲望丸出しでトレードするとかならず失敗する

人間って、ほんとーに欲深い生き物です。

損したら「絶対、負けを取り返してやる」と焦って危ない取引に手を染め、逆に儲かっても「畜生、もっと儲かったのに！」と気が大きくなってハイリスクな取引に首を突っ込む。

儲かっても損してもリスクの高い取引をエスカレートさせていくわけですから、最後に待っているのは**「コツコツ儲けてドカンと大損する」**。

奇跡の一発逆転を狙ってFXを始めた人が陥る「必敗パターン」といえるでしょう。

とにかく、FXに限らず投資やギャンブルなどに至るまで「リスクをとって、お金を増やす」という行為に関しては、**「資金管理」**が一番重要です。

心の中にめちゃくちゃ怖い金庫番がいない人は100%、確実に、どこかで資金の大半を失います。

なぜか？

それは、「資金をまったく減らすことなく増やすことができる**勝率100%の必勝法」など、絶対ない**からです。

勝率100%がないということは、どこかでかならず負けます。

負けたときに、欲望をコントロールすること、「コツコツドカン病」を克服すること——。

それがFXトレードを生涯スキルにするための、一番大切な第一歩です。

欲望を捨てるためには「滝に打たれる」とか「座禅を組む」とか「神様仏様に合掌してみる」といった精神的なものから（？）、「深呼吸する、ストレッチする」「いったん取引をやめて、ほかのことをする」といった身体的なもの、「トレードする前から損切りポイントを決めて絶対、守る」

といった予防策まで、さまざまな方法があります。

とにかく、ギャンブル中毒と同様、お金のかかった**FXには中毒性や依存性がある**ことは肝に銘じてください。その闇に引きずりこまれないための**「ルール」が絶対に必要**です。

僕自身のルールはとにかく10万円とか100万円とか1000万円とか、トレードの成果を生々しい札束で数えるのではなく、**「%（パーセント）」で考える**というものです。

「%（パーセント）」で考えることで複利の力を味方につける

たとえば、100万円を元手にして、「ジャンケンで勝ったら賭け金が2倍、負けたら全額を失う」という投資ゲームをした、とします。

最初、100万円のうち、10万円を投資して勝ったら元手は110万円に増えます。「やったー」ですね。

ただ最初のうちはそれでいいですが、このゲームで大成功して、元手が1000万円になったとします。

そうなると、元手1000万円でも、投資額10万円のままでいいのか、という問題に直面することになります。

1000万円も元手があるのに、毎回10万円しか投資しないと、資金の増えるスピードは圧倒的に遅くなりますよね。

そこで「%（パーセント）」君の出番というわけです。

毎回10万円と「金額」で決めるのではなく、毎回、総資産の「10%」を投資する、というルールにすれば、100万円のときの投資額は10万円でしたが、1000万円になると投資額は100万円、1億円になると1000万円と、資産規模に合わせて投資する額も増えるので、加速度的に資産を増やすことができます。

じゃんけんの勝ち負けに1000万円を賭ける人の気が知れませんが（笑）、これこそ、かの天才物理学者アインシュタインも「人類最大の発明」と称賛した**「複利の力」**です。

%（パーセント）で考えると、資金が増えるにつれて投資額も上がるので、資金の増えるスピードがかなり速くなります。

さらに、%（パーセント）で考えることで、「畜生、FXで100万円損した。その100万円があれば今頃…」などなど、現ナマで考えるときに湧き上がる煩悩を抑えることができる！

ともすると、人生破滅の元凶になりかねないカネ勘定や欲望、感情を塀の中に閉じ込めたうえで、純粋に数字のうえだけのＦＸトレードに専念できるようになるんです。

資金が減ると「%」が効いてくる

%（パーセント）で考える利点は攻撃面だけでなく、防御面でも発揮されます。「○○万円」というカネ勘定ではなく、%（パーセント）で考えると、**資金が減るときもそのスピードを遅らせることができる**んです（**図7**）。

図7　定額と定率トレードのパフォーマンスの違い

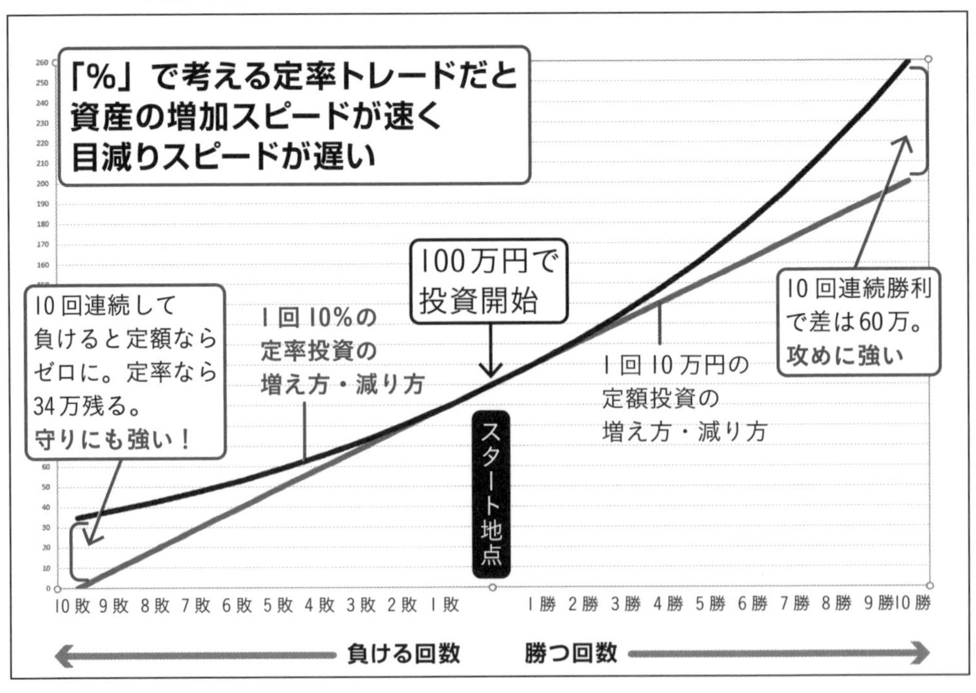

毎回10万円というような定額投資の場合だと、元手が100万円のとき、10回連続で負けたら資金がゼロになってしまいます。

それに対して、毎回10%という**定率投資**だと、100万円の元手に対しては10万円の投資額になりますが、その勝負に負けて元手が90万円になったら投資額もその10%の9万円に減り、さらに負けると元手81万円の10%の8・1万円の投資額になり……、最低投資金額が設定されていない場合、100回やっても資金がゼロになることはありません。

資金が増えるときはスピードを速めてくれて、資金が減るときはスピードを遅くしてくれるのが%（パーセント）の考え方。

FXの中毒性・依存性から距離を置き、煩悩や欲望に振り回されないという意味でも、%思考はトレードに必要な考え方だと僕は思います。

バルサラの「破産確率」が教えてくれること

FXトレードを生涯スキルにしたいなら、天才ギャンブラーではなく、数字や確率論にとことんこだわる凡人を目指してください。

相場がよければ、勘やひらめきや才能、運や奇跡だけに頼っていても億万長者になれるかもしれません。

ただ、人生100年時代といわれる今、相場がいいときも悪いときも、長期間、コンスタントにFXで勝ち続けるためには、複利という自分以外の力を借りて、冷静に客観的、合理的に数字で考えていく必要があります。

%（パーセント）で考えることのもうひとつのメリットは、投資を「儲けたい、損したくない」という欲望ではなく、確率論としてとらえることができるようになる点にもあります。

投資の世界ではよく**「破産確率」**というものが紹介されます。

これは、ナウザー・バルサラという人が書いた先物取引の資産管理本に書かれた理論ですが、FXなどトレードで破産する確率は次の3つで決まる、とされています。

①勝率は何パーセントか？

②利益：損失（リスクリワード）の比率は？（勝ちトレードの平均利益÷負けトレードの平均損失で計算。「ペイオフレシオ」ともいいます）

③許容する損失額は総資産の何パーセントか？（「最大許容損失率（もしくは許容金額」）

たとえば、勝率50%でリスクリワードが1：1（平均利益額と平均損失額が同じ）の場合、資金量をどれだけ絞っても、その取引を繰り返すと破産する確率は限りなく100%に近くなります。

勝率5割でリスクリワードが1：1なら、破産の確率は50%では？　と直感的にイメージしてしまいがちですが、利益率と損失率が同じ場合、勝ったあとに負けると投資額が増えた分、損失額が大きくなり、逆に負けて投資額が減ったあとに勝っても利益額が伸びません。

ある意味、複利の力が逆方向に働くことが、**勝率５割、リスクリワード１倍でも破産してしまう**理由です。

FXの取引では買値と売値の間に「スプレッド（価格差）」があり、約定価格が不利な方向に滑る「スリッページ」も多発します。そんなFXの世界では、勝率、損益率ともに5分5分では勝てない、というのは実戦を経験すれば、誰でもわかります。

右ページに、最大許容損失率が総資産の2%、5%、10%のとき、勝率何%、リスクリワード何倍になると破産確率が100%になるかを示した表を掲載しました。

破産確率が100%になるような勝率、リスクリワード倍率で取引していたら、未来はありません。長期間にわたって資産を大きく目減りさせずにFXトレードを続けたいなら、**破産確率1%台以下で勝負すべき**だと思います。

図でもわかるように、いくら損失許容率を低くしても勝率を6割以上にするか、リスクリワードを1.2倍以上にしないと、破産確率が100%に近づき、FXでは絶対に勝てません。

たとえば、リスクリワード1：1、つまり平均利益と平均損失が同額の

図8 「破産確率」は勝率、損益率、損失許容度で決まる

損失許容率 2%の場合 勝率6割で損益1倍でも余裕で勝てる

損益倍率＼勝率	10	20	30	40	50	60	70	80	90
0.6	100	100	100	100	100	100	0	0	0
0.8	100	100	100	100	100	0	0	0	0
1.0	100	100	100	100	100	0	0	0	0
1.2	100	100	100	100	0.02	0	0	0	0
1.4	100	100	100	100	0	0	0	0	0
1.6	100	100	100	8.3	0	0	0	0	0
1.8	100	100	100	0.14	0	0	0	0	0
2.0	100	100	100	0.01	0	0	0	0	0
2.2	100	100	100	0	0	0	0	0	0
2.4	100	100	43.6	0	0	0	0	0	0
2.6	100	100	4.83	0	0	0	0	0	0
2.8	100	100	0.77	0	0	0	0	0	0
3.0	100	100	0.16	0	0	0	0	0	0

損失許容率 5%の場合 損益1倍でも6割の勝率キープが必要

損益倍率＼勝率	10	20	30	40	50	60	70	80	90
0.6	100	100	100	100	100	100	0.01	0	0
0.8	100	100	100	100	100	1.76	0	0	0
1.0	100	100	100	100	100	0.03	0	0	0
1.2	100	100	100	100	3.60	0.01	0	0	0
1.4	100	100	100	100	0.35	0	0	0	0
1.6	100	100	100	37.0	0.06	0	0	0	0
1.8	100	100	100	7.23	0.02	0	0	0	0
2.0	100	100	100	2.03	0.01	0	0	0	0
2.2	100	100	100	0.74	0.01	0	0	0	0
2.4	100	100	71.7	0.33	0.01	0	0	0	0
2.6	100	100	30.0	0.17	0.01	0	0	0	0
2.8	100	100	14.3	0.10	0.01	0	0	0	0
3.0	100	100	7.69	0.06	0.01	0	0	0	0

損失許容率 10%の場合 勝率7割超か損益2倍近くないと負ける

損益倍率＼勝率	10	20	30	40	50	60	70	80	90
0.6	100	100	100	100	100	100	1.58	0.01	0
0.8	100	100	100	100	100	13.3	0.11	0	0
1.0	100	100	100	100	100	1.73	0.02	0	0
1.2	100	100	100	100	19.1	0.46	0.01	0	0
1.4	100	100	100	100	5.90	0.18	0.01	0	0
1.6	100	100	100	60.8	2.52	0.10	0.01	0	0
1.8	100	100	100	26.9	1.33	0.06	0.01	0	0
2.0	100	100	100	14.2	0.81	0.04	0.01	0	0
2.2	100	100	100	8.6	0.56	0.03	0.01	0	0
2.4	100	100	84.7	5.73	0.41	0.03	0.01	0	0
2.6	100	100	54.5	4.11	0.32	0.02	0.01	0	0
2.8	100	100	37.8	3.13	0.27	0.02	0.01	0	0
3.0	100	100	27.7	2.50	0.23	0.02	0.01	0	0

場合は、

- 1取引の損失許容率が2%のとき、勝率55%で破産確率0%
- 1取引の損失許容率が5%のとき、勝率65%で破産確率0%
- 1取引の損失許容率が10%のとき、勝率80%で破産確率0%

になります。

1回のトレードで自己資金の10%を失ってもいいと考えてトレードする人なんて、なかなかいないように思えるでしょう。

しかし、FXは自己資金にレバレッジをかけて投資することができます。もし国内FXの最大レバレッジ25倍で取引した場合、投資総額がたった0・4％目減りするだけで、自己資金の10%を吹き飛ばしてしまうリスクがあります。

実際はその前にFX会社に強制決済されてしまいますが…。

そう考えると「損失許容率100%」すなわち死んでも損切りするのはイヤという人に待つのは確実に「破産のみ」ということがわかります。

生き残りたいなら損失許容率は「2%以下」に抑えるべき

プロのヘッジファンドなどでも、与えられた資金の2%を越える損失は許されない、という**「2%ルール」**があるそうです。

たとえば資金100万円でFXをするとき、損失許容率2%というと、2万円損したら損切りになります。つまり、損失許容額は2万円。

ドル円が110円のときにロング（買い）で勝負して、109円80銭まで下がったら損切りすると決めた場合、損切り幅は0.2円（20pips）です。「損失許容額÷損切り幅＝ポジション量」で計算すると、「2万円÷0.2円」で10万通貨保有できる計算になります。

損切り幅を0.3円（30pips）まで拡大した場合は6万通貨。0.4円（40pips）まで拡大すると、5万通貨が適切なポジション量になります。

日本円の絡まないユーロドル（米ドル建てでユーロを売買する取引）やポン

ドオージー（豪ドル建てで英ポンドを売買する取引）などの場合、**1pips動いたときの円換算の損益がいくらになるか**を計算しなくてはいけないので複雑です。

最初のうちは面倒くさがらずに、損失許容率（額）と損切り幅を決めたうえで、計算機をパチパチさせて、適正ポジション量を決めましょう。

「ポジションサイジング」といわれる許容リスクに対するポジション量の調節や計算は、ネット上にたくさん無料ソフトやアプリも用意されているので、最初のうちは「2%ルール」を徹底するために使ってみるのもいいでしょう。

慣れてくると、計算しなくても、ドル円だったら最大何万通貨。

値動きが激しくてレート価格の高いポンド円なら最大何万通貨。

ユーロドル、オージードルなどドルストレートだと1pipsの損益が1万通貨で110円前後（そのときの米ドルの円建て為替レート）になるので何万通貨、と皮膚感覚でわかるようになります。

ちなみに僕の場合、損失2%ルールでいうと、1億円の資金で100万通貨の取引がフツーなので、損切り幅は円建て取引の場合、最大200pipsまで許容できることになります。

でも、実際は損切り幅50pips以内に抑えてトレードしているので、よりリスクが少ない状況で勝負していることになります。

それぐらい安全運転のほうが凡人トレーダーにはいいのです。

一般的には、何度か取引して資金の30%を短期間に失うと、どんな人間のメンタルも崩壊するといわれています。

メンタルが崩壊すると、ルールを守らなくなるので、トレードで勝つのは無理です。

むろん、メンタルが崩壊する寸前で火事場の馬鹿力を存分に発揮する勝負師タイプの人もいるかもしれません。

ただ、奇跡の一発大逆転というドラマチックな展開に憧れていると、かならず死ぬ、というのが凡人たる僕の信念です。

もしも、あなたがFXの天才なら、どれだけリスクをとってもかまいませんが…。

損益比率より「勝率」と「損失許容率」のほうが管理しやすい

バルサラの破産確率が教えてくれるのは、すっからかんに破産してしまうリスクだけではありません。僕たちのFXトレードでの成功は、

「勝率」×「損益率（リスクリワード）」×「最大損失許容率」

で決まっていくのです。

最大損失許容率は先ほど見たように2%ぐらいで抑えるべきです。

そうなると、利益を伸ばすためには、

「勝率を上げるか？」

「リスクリワードのいい局面を狙うか？」

の２択になります。

当然、損切り幅よりも利益確定までの値幅が大きいところを狙ってリスクリワードをよくしたうえで、さらに高い勝率を求める「二兎追い」戦略をとりたいところです。

とはいえ、相場がこの先、上がるか下がるかを予想するだけでも難しいのに、取引で得られる損失より利益のほうが多くなりそうなのは「ここだ！」と、ピンポイントで当てるのはさらに難易度が高くなります。

なので、僕はどちらかというと勝率重視派です。

できれば８割～９割の確率で「これは上がる（もしくは下がる）」と思える場面、**少なくとも６～７割の勝率**がないとトレードしません。

では、高勝率が見込めるのは、どういう場面でしょうか？

次章以降で詳しく説明しますが、ざっくりいうと右ページの図のように為替レートの**「トレンド」**がいったん休止したあと、ふたたび加速するところでのエントリーだと勝率６～７割は確保できる、というのが僕の経験値です。

「トレンド」というのは為替レートの値動きに生まれた「大きな流れ、方向性」のことをいいます。その大きな流れに乗って取引するのが**「トレン**

ドフォロー」という取引スタイル。

長いものには巻かれろ、多勢に無勢ということわざ同様、FXトレードではトレンドに乗った取引をするのが鉄則中の鉄則で、勝率を6割以上に引き上げるための近道になります。

中でも、損切り幅を小さくできて、負けない投資を続けられるのが「**押し目買い・戻り売り**」という投資手法になります。

アップトレンド（上昇相場）で値動きが反転下落→再上昇するときに便乗するのが「**押し目買い**」、ダウントレンド（下降トレンド）での反発上昇→再下落を狙うトレードを「**戻り売り**」といいます。

ともに、これまで続いてきたトレンドが今後も続く、という前提でそのトレンドの再加速に追随するので、トレンドフォローの取引になります。

逆に同じトレンドフォローでも、これまでの高値を勢いよく突破したり、安値を大きく割り込んだりした瞬間に乗る手法は「**ブレイクアウト**」と呼ばれます。

図9　押し目買いと高値追い（ブレイクアウト）の違い

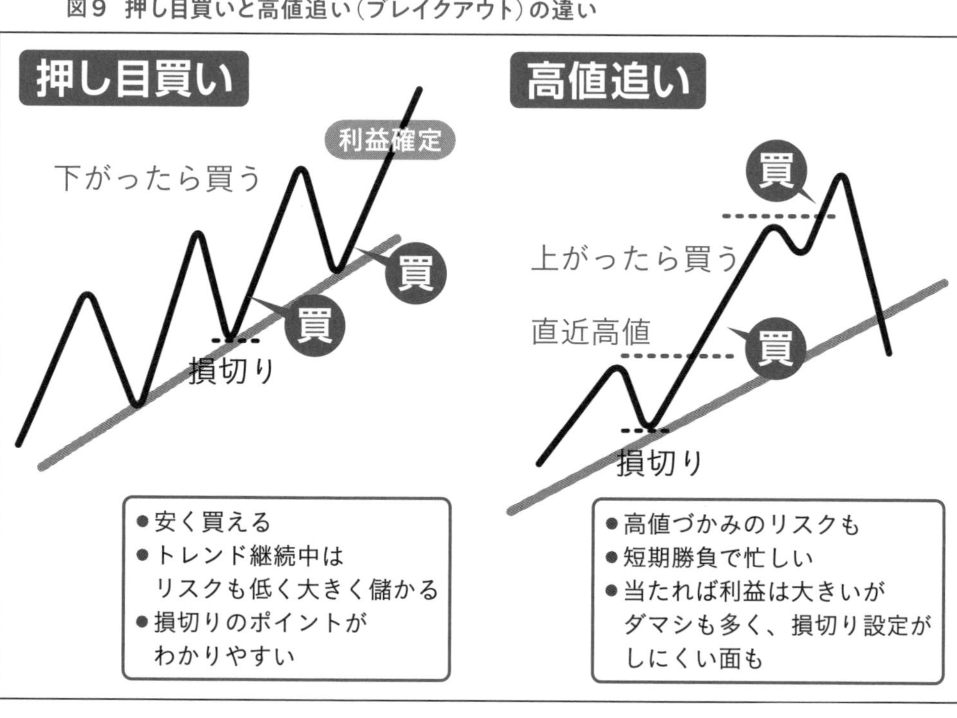

前ページの**図9**に違いを図解しましたが、勝率重視の僕は大きな時間軸で見た、為替レートの流れがアップトレンドのときは、「上がって、下がって、ふたたび上がるところ」という「押し目」を待ってトレードすることが多くなります。

逆にダウントレンドのときは、「ずっと下がって、いったん上がって、ふたたび下がるところ」という「戻り」を待ってショートエントリーを狙います。

トレンドがまだ生まれたてほやほやのときほど、トレンドの勢いは強く、その流れに乗れば、高確率で儲かるもの。しかも、押し目買い・戻り売りなら、値動きがトレンド方向に反転するラインのすぐ下に損切りラインを置くことになるので、負けたときも深い傷を負うことがありません。

高値更新や安値更新を追いかける手法だと、どうしても反対方向に激しく動くケースもあるので、大きく稼げるかもしれませんが、逆に大きな損で終わる危険性やダマシが多く、どうしても勝率が悪くなってしまう、というのが実感です。

「勝率&リスクリワード」二兎を追うための心得

FXで利益を伸ばすためのもうひとつの変数である**「リスクリワード倍率」**（ペイオフレシオ）は勝率を上げる取引を続けていれば、自然と上がっていくものです。

というのもリスクリワードは結局、どこに損切りや利益確定の目標値を置くかという売買プランで決まるもの。

どんな急上昇相場でも、すぐに利食いしてしまえばリスクリワードは悪くなりますし、「まだまだ上がる」と利食いせずにいたら、そのあと、急落して利益どころか損失に転落してしまうこともあります。

あらかじめ「これだけ儲かる」という保証なんて絶対にないので、売買プランの利益確定ラインはあくまで絵に描いた餅にすぎません。

逆にいうと、損切りは売買プラン通り、確実に実行すべきものなので、「設定した損切りラインまでの値幅が小さいトレード」を心がけることがリスクリワード倍率を下げないための防衛策になります。

しかし、取引するたびに損切りばかりしていては損切り貧乏になります。となると、結局は勝率を高めるしかありません。

リスクリワード倍率を上げる原動力になるのは、とにかく予想が当たったら、すぐに利食いせず、なるべく利益を伸ばすこと。

しかし、そのためにはまず予想が当たらないと話にならないわけですから、ここでもまた、勝率を高めることがリスクリワードをよくするための大前提になります。

なんだか、禅問答のようになってきましたが、じゃあ、勝率を高めたうえで利益を伸ばすにはどうすればいいか？

そのためには「勝つか負けるか５分５分」という場面では勝負せず、**「勝てそうな場面」だけで取引**すること！

「下手な鉄砲、数、撃ちゃ当たる」方式で、やたらめったら取引するので

図10　損切りを徹底し勝率・リスクリワード倍率を上げる

FXの勝利の方程式

勝　率　×　リスクリワード倍率

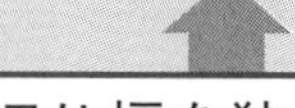

勝率を上げるためには「勝てそうな場面だけで勝負する」ことが大切。トレード回数を絞る

損切り幅を狭くして大負けしない。利益はとことん伸ばす

もう１つの変数　**損失許容率**

１回のトレードの損失は総資産の２％以下に

はなく、じっくり我慢して「ここは勝てそうだ」と確信がもてる場面までトレードしないことが大切なのです。

よく「勝利の方程式」なんていいますが、「これなら自分は勝率８割いける」という自分なりの勝ちパターンを見つけて、そのパターンが出現するまではじっと我慢して、取引しないことが勝率を上げ、ひいてはリスクリワード倍率を向上させるコツなのです。

実際にFXを始めると、これがどんなに難しいことか、実感するはずです。

FX初心者の方でもビギナーズラックでとんとん拍子に勝つこともありますが、そうなると「もっと、もっと儲けたい」という欲望がフツフツと湧き上がり、勝率もリスクリワードもおかまいなしに無謀な取引に手を染めてしまいがちです。

「これは上がる」と思って買ったら予想に反して下がってしまったので、「畜生、だったら下がる」とヤケになってドテン売り（売買の方向性を買いから売りに180度切り替えること）なんてすると、「やっぱり上がっちゃった〜」と、手痛い往復ビンタを食らうのがオチです。

「勝てる」と思ったトレードで負けると、FX歴15年の僕だって、キッとなって、その負けをすぐ取り返したくなるもの。

でも、そこでまた取引してしまうと、坂道を転げ落ちるように負けがこんでしまうものなんです。

悔しさをグッとこらえて、いったんトレードはやめにして、冷静な気分で値動きを見られるようになるまで、頭を冷やすべきです。

勝率を上げるためには結局、トレード回数を減らして精度を上げるしかないわけですから、ここでも一番大切なのはメンタル。

チャンスがきたら果敢に攻める勇気だけでなく、**トレードしない勇気をもつ**ことがFXで成功するための秘訣なのです。

人間の心に巣くう魔界－「プロスペクト理論」も覚えておこう

「バルサラの破産確率」に続いて、もうひとつ、お偉い経済学者が解明した「FX地獄」の現実について、ご紹介しましょう。

ちょっと油断すると、すぐに崩壊してしまうメンタルは、ガチガチの理論で武装して、絶対、崩壊しないように守るしかないのです。

その理論こそ、行動経済学という学問の分野の**「プロスペクト理論」**と呼ばれる教えです。

プロスペクト理論は、アメリカの経済学者ダニエル・カーネマンが研究したもので、同氏は2002年にノーベル経済学賞を受賞しました。

「プロスペクト」とは日本語で「期待、予想、見通し」という意味を表す言葉です。

理論自体は難しいですが、FXトレーダーに刺さるのは、

「人間っていうのは、利益が得られる場面では確実に得られる利益を優先してしまう。そして、損失をこうむる場面では、確たる理由もないのに、その損失がなるべく少なくなることを期待してしまう」

という点です。

つまり、**「利食いは素早く、損切りが遅い」**というのが人間の心にもともと備わった性質だというわけです。

よく使われるのは、次のような質問です、

あなたなら、どっちを選びますか？

A：80%の確率で20万円もらえる

B：100%の確率で15万円もらえる

では、次の選択肢なら、どっち？

C：80%の確率で20万円失う

D：100%の確率で15万円失う

たいていの人はきっと、BとCを選択します。

つまり、お金がもらえる場合は20%の確率でまったくもらえない可能性のある20万円より、100%確実にもらえる15万円を選んで「20万円

よりは５万円少ないけど、とにかくお金がもらえた！　やった、儲かった！」と喜びます。
しかし、お金を失ってしまう局面では、絶対に15万円損するのはイヤ。たとえ80%の確率でそれより５万円多い20万円損する可能性があっても、まったく損失が発生しない20%の確率に賭けてしまうのです。
要するに、人間っていうのはお金にせよ、恋人にせよ、宝物にせよ、一度、自分の「所有物」になったものを失うことに対して、とっても臆病で保守的で、めそめそしてしまう生き物なのです。
しかし、確率論的に見ると、この行動は間違いです。
AかBかの選択を何度も繰り返した場合、Aなら80%の確率で20万円を獲得できるので、もらえるお金の期待値は80%×20万円＝16万円と考えることができます。
Bはかならず15万円しかもらえないので、期待値も15万円。つまり、実はAのほうが、利益が大きくなる確率が高いのです。
CとDも同じで、Cは16万円失いますが、Dであれば15万円ですみます。
つまり、人間のDNAには、「利益は小さくても満足してしまうのに、大きな損失を避けるためならイチかバチかのリスクを冒してしまう」という魔の性質が備わっているということ。
人間なら誰でも陥りがちなこの傾向を回避して、常に利益を叩き出せるFXトレーダーになるためには、

「利食いはなるべく我慢して、損切りは容赦なく行う」

ことを徹底するしかありません。
得られる「かも」しれない利益に対しては貪欲に食らいつき、逆に損失に対しては「ここまで損したら絶対に損切りする」というラインを決めて厳守するしかないのです。
確かに、「エントリーから20pips予想と反対方向にいったら損切り」と決めて、実際に20万円の損失を確定したあと、すぐに値動きが自分の予想した方向に戻ることもあります。
「あのとき損切りしていなければ、プラマイゼロどころか、40万円も儲

かったのに…」という悔しい経験は僕だって何度もしています。

でも、それ以上に、損失がその後も10万円、20万円、30万円と増え続けてしまうリスクに対して、より敏感で臆病であるべきなのです。

全財産を失い、FXから退場してしまう悔しさ、悲しさ、後悔、絶望といったら、計画的な損切りで湧き上がる悔しさの比ではありません。

完全にメンタルが崩壊して、FXだけでなく、生きるのもイヤになってしまうでしょう。

「悔しい感情」をコントロールできる人間になる

「損しないですんだのに損してしまった」と「もっと儲かったのに儲かりそこねた」、どちらが悔しいか、というと、どっちも悔しい、というのが本音だと思います。

ただ、ノーベル賞も受賞したプロスペクト理論を学べば、「儲けそこね」

図11 プロスペクト理論が明かす人間の心の闇の克服法

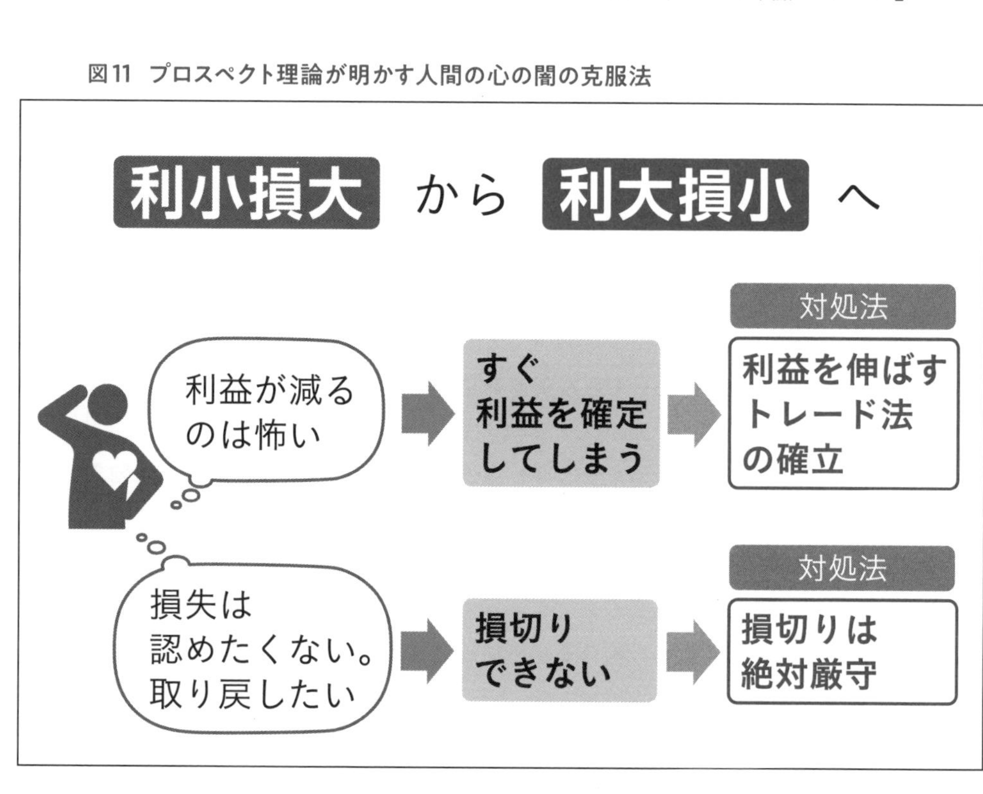

の悔しさからもっともっと学ぶことが大切なのがわかります。

「もっと儲かったのに…」のケースでは多少なりとも儲かっているので「とりあえず、お金が少し増えたし、まっ、いいか」と流してしまうことが多いもの。

ですが、こちらのほうをもっと悔しがって「どうして、もっと利益を伸ばすことができなかったのか？ **次、どうすればもっと儲かるエントリーポイントや売買プランでトレードできるか？**」を徹底的に考えてください。

逆に「損切りしていなかったら、その後、利益が出て儲かったのに…」のケースは、一定のルールにのっとって取引する以上、**損切りはしょうがないとキッパリあきらめてください。**

それが、プロスペクト理論が教える、長い目で見たトレードスキル上達のコツなのです。

「ちょこちょこと素早く利食いして、苦労して薄利を積み上げたものの、結局、1回の損切りが遅れてしまって大損」という**コツコツドカン病**こそ、人間の心に巣くう魔界なのです。

その性質をよーく理解して、それと正反対の行動、すなわち**「利食いはなるべく我慢して、損切りは情け無用で容赦なく」**を課題に、実際のトレードを組み立てることが大切になってきます。

たとえば、右ページの**図12**のようなトレンド転換の場面で、的確に買いでエントリーできたとしましょう。

利益確定は直近高値、損切りは直近安値を少し割り込んだところに設定するとします。

もし相場が予想と反して直近安値を越えて下がったら、これはもう容赦なく損切りです。

しかし、直近高値を越えて上昇しそうだったら、**利益確定目標を値動きに応じて引き上げていく「トレイリング・ストップ」という手法**を使って、せっかく得た利益をなるべく伸ばすべきです。

具体的には、損切りラインを直近安値のあとにできた安値まで引き上げたうえで、さらに上昇が続きそうか様子見するのもいいでしょう。

5本のローソク足の終値の平均値を結んだ「5本移動平均線」など短期移動平均線を表示して、ローソク足がそのラインを下回らない限り、利益確定しないのもひとつの考え方です。

利益を伸ばすための戦法はいろいろあります。

その利益確定や損切りをどこに設定するかは、またあとで詳しく述べますが、利益は大きく損失は小さく、という**「利大損小」**の取引を続けることが資金を早く、大きく増やすための極意になるのです。

なぜ、「凡人トレーダー」こそ最強トレーダーなのか？

初心者の方は、ついつい人間の本能に従ったトレードをしてしまうので、損が大きく、利益が小さい取引を積み重ねてしまいがちです。

「じゃあ、利小損大になるようなトレードをしなければいいんでしょ！」

と思うかもしれませんが、その程度の軽い心がけでひっくりかえるほど、

図12　利大損小には利益を伸ばすことへの執着が必要

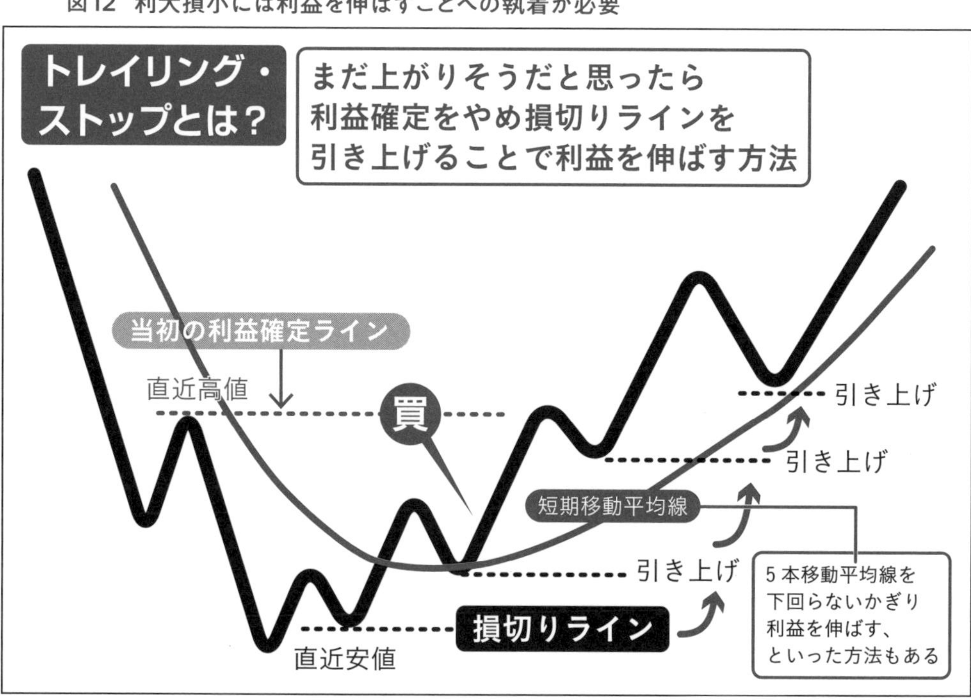

人間に備わった本能、気質、性質の魔力は甘いものではありません。

たとえば、「明日からダイエットしてやる！」と思って、すんなり体重をおとせる人はなかなかいません。

天才FXトレーダーというと、未来を見通す神のような目や、100％確実に儲かる必勝法、素早い判断で利益をモノにするスゴ腕のトレードスキルの持ち主と、初心者の方は思われるかもしれません。

しかし、FXトレードの世界に、もしも天才がいるとするなら、それはテクニックや相場読みというより、間違いなく**メンタルや資金の管理が超絶にうまい人**だと僕は思います。

為替レートの値動きを示したチャート分析を使えば、相場の次の展開を予想したり、どこでエントリーすれば勝つ確率が高くなるか、といったトレードスキルは、誰でも向上します。

為替相場は、そこで実際に売買している多くの投資家の総意として動くので、その値動きはいわば凡人トレーダーたちの平均値になります。

なので、トレードテクニック自体に独創性とか天才的な発想とか、恐るべき才能って実はそれほど必要ないんです。

ほかの凡人トレーダーと同じように考えながら、その一歩先、いや半歩先を行けばいいだけ、というか、「その他大勢」の人間がなにを考えていて、次にどう行動しそうかを客観視するだけ。誰だって努力と経験次第で向上します。

しかし、メンタルの部分はなかなか進歩しないものです。

あえていうなら、もともとメンタルがとっても強くて、どんな場面にもビビらず、いけると思ったら度胸満点で勝負し、ダメだと思ったら臆病なまでに早逃げできる――そんなメンタルの持ち主こそ、FXにおける天才だと思います。

残念ながら、僕はそんな**天才メンタル**を持っていません。

だからこそ、真面目に努力して、たくさん経験して、どんなに儲かっても謙虚に学び続けるしかないのです。

第2章

鬼速で成長する「トレード日記」のつけ方

地味だけど最強の「トレード日記のつけ方」教えます

世の中、努力してもなかなか報われない

よく「努力すればかならず報われる」といわれますが、**努力してもなかなか報われない**というのが、FXに出会う前に僕が感じていた思いです。

大学を卒業して会社に就職して営業部に配属された僕は、生まれて初めて必死に努力したと思います。

新人ながら、支店にいた40人の営業マンの中で8位の営業成績を残すぐらい頑張りました。新人ではなんと1位です。

でも、自分なりに死ぬほど努力してみたものの、給料は一切上がりませんでした。

僕が社会人デビューしたのは、バブルの不良債権を抱えた銀行やゼネコンがばたばたと倒産した2000年代初頭です。メディアでは「就職氷河期世代」とレッテルを貼られ、実際、世の中はずっと不景気でした。

会社の先輩社員を見ても大きく出世している感じもないし、家族持ちの上司の生活はかなりカツカツで、いつもお金に困っていました。

「この先、この会社でずっと働いても面白くないよな〜。このまま、ダラダラ生きててもなぁ…」と軽く人生に絶望していました。

そこで会社を辞めて、一念発起してネットワークビジネスを始めました。しかし、「ラクしてお金持ちになりたい」という下心満載だったのが原因なのか、あえなく失敗。友達を失うだけでした。

「ほかに、なんか儲かることないかな」と思って、中古パソコンやプリペイド携帯の販売にも手を染めますが、鳴かず飛ばず。

他人から見たら「あんたの努力は全然足りん！」とお叱りを受けるかもしれませんが、「あ〜、努力したらかならず報われるって、あれ、ウソだな〜」となんとなく思うようになりました。

FXがうまくなったきっかけ。それは「トレード日記」

それでも、小学校の卒業文集の「将来の夢」にも書いた「お金持ちになりたい」病だけは治らず、FXの世界へ足を踏み入れることに…。

ドがつくほどの田舎で、フツーの田舎者として育った僕からすると、「FXなんて金持ちの遊びだな」「僕みたいな貧乏人が手を出したら破滅へ直行なんだろうな」と最初は思っていました。

でも、たまたま過疎化の進む僕の故郷に、

「FX、知っとるでよ！　実は私も投資しとってなぁ、今度、お店行くし、いっしょに来るか」

という、きさくなおばちゃんがいまして。

彼女に連れられていったFX会社に最初は駆け出しの投資家として入りびたり、のちには支店長に気に入られて社員として働くようになったのが、FXとの出会いでした。

「努力しても報われない」「ラクしてお金持ちになりたいと思っても、ことごとく失敗する」――そんな僕がFXに出会って、人生、劇的に変わったか？　というと、そんな都合のいい一発逆転話はありません。

当時の僕からすると、命と同じぐらい大切な200万円の貯金はあっという間に溶けてなくなりました。

そして就職したFX会社は顧客に大損害を与えたうえに破たん――。

FX会社に勤めていたころには、会社の隣に住んでいた「勝ってるおじさん」に必勝法を聞いたこともあります。

おじさんからは、

「高値を越えたらまだまだ上がるから買い、安値を割り込んだらガクンと下がるから売り。チャートなんか見なくても新聞の経済欄を見てたら、すぐわかるよ～」

と教えられ（当時、この戦法を「高値ブレイク、安値ブレイク戦略」ということさえ知りませんでした）、マネしてみたら、見事にずるずる負け続ける毎日でした。

1
2
3
4
5

これまでの会社やネットワークビジネス同様、**なんの盛り上がりもなく、FXトレードから退場する日**も近づいていました。

そんなとき、僕はネットワークビジネスで知り合いになった先輩から、数億円の資産をIT関連のビジネスで築き上げ、今は株や不動産で運用している、というお金持ちの投資セミナーを紹介してもらいました。

セミナー料金は当時の僕からすると、とっても高額な6万円!

「その価値、あるのかな〜」と半信半疑でしたが、セミナーで師匠から教えてもらった知識は、当時の僕からすると目からウロコでした。

これまではチャート分析といわれても、

「とりあえず横線引いとけば〜」

ぐらいのレベルでしか教わったことがありませんでした。

その大金持ちの師匠からはあとで紹介する**「ダウ理論」**や**値動きの節目になるサポート（支持帯）、レジスタンス（抵抗帯）の存在**など、チャートの見方を理論立ててみっちり学びました。

FXトレードでは、「マインド、トレンド、ロスカット、ポジションサイジング（投資資金の調節）、ボラティリティ（変動率）、システム（売買法）の6つが最低限必要」という極意も教わりました。

そのセミナーはほんとーに6万円以上の価値はあった、と思います。

講義の中で、師匠から**「自分のトレード記録を残しておいて、あとから振り返ることが大切」**といわれたので、僕もトレード日記をつけるようになりました。そして、この**トレード日記こそ、僕がなんとかFXから退場することなく、こつこつ、じわじわ15年を費やして、なんとか今のレベルに到達するきっかけに**なったんです！

これまでの自分のトレードの負け方を記録することで気づいたのが、自分が負けるときの傾向は、ほぼすべて、

「相場の天井や底をつかむ」

ことにあることがわかりました。

悪意のある第三者が僕のトレードをうしろから覗いていて、「こいつがエントリーしたら、その反対方向に為替を動かして、大損させてやろう」

と狙っているかのように、自分がエントリーすると、なぜか反対方向に値動きする…。

そんな気分になるぐらい、僕が買いを入れるとそこは相場の天井で、あとは下がるだけ、僕が売りを入れるとそこは大底であとは上がるだけ、というパターンで、僕は負け続けていました。

だったら、自分がやってきて失敗したことの逆をやれば、ひょっとしたら儲かるんじゃないか、と。つまり、

「相場が天井や大底から反転するポイントでトレードをしよう！」

と発想を切り替えることにしました。

相場の反転といっても、なにをきっかけにして反転と判断したらいいかわからないので、ネットなどで仕入れた**「チャートパターン」**という相場分析法の**「ヘッドアンドショルダー」**（図13）。

それだけに絞ってトレードをしようと決意しました。

とはいえ、チャート上に「これは明確にヘッドアンドショルダーだ」と

図13　チャートパターン・ヘッドアンドショルダーとは?

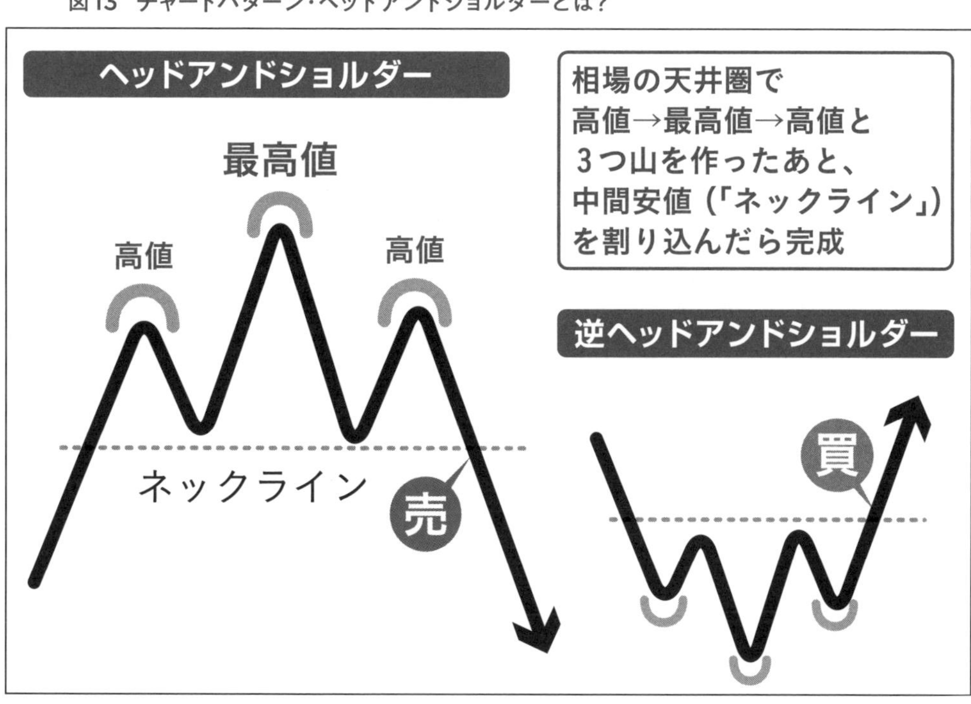

わかるような動きが出ることは非常にまれです。

それまでは分速、秒速勝負のスキャルピングにも手を出していて、とにかく取引していないと落ち着かないトレード中毒、ポジポジ病にかかっていた僕にとって、最初は「ヘッドアンドショルダーが出るまでの待ち時間」がとてもつらかったです。

「もっと自由にトレードしたいな～」

「もっと、ガンガン、エントリーしたいな～」

そんな思いをぐっと我慢して、とにかく3ヵ月間、ヘッドアンドショルダーだけに絞って取引した結果、これまで負けていたFXでちゃんと利益を出せるようになったんです。

「自分はこのパターンじゃないとトレードしない」と決めて、やたらめったらトレードしないことの大切さに気づいた瞬間でした。どんな立派なトレード理論でも高額なシステム売買でもチャート分析ソフトでもなく、

「たった1冊のトレード日記」が成功の秘訣？？？

どーですか、地味でしょ？　まさかと思うかもしれませんが、ほんとうの話です。

「失敗から学ぶ」以外に上達の道はない

右ページに紹介したノート（**図14**）が、実際に僕がつけているトレード日記です。へたくそな字をさらすのは少し恥ずかしいですが、どんな汚ったなーい殴り書きの文字でも、自分の手で書くことで、今終わったばかりのトレードを振り返り、反省できます。自分が書いた字なら、ある程度、汚くてもあとから振り返っても、読めるもの。

大切なのは「なにを書いて、どう学ぶか」ですから。もしあなたが「どう書いていいかわからない」と心配であれば、実際にあなたが書いたトレード日記を僕に見せてください。**Twitterで「@tradeacademia」（←僕のアカウント）宛にメンションを飛ばしてくれれば、気がついたものにはアドバイスいたします。ただ、DMは対応いたしません。悪しからず。**

あ、ちなみにメンションというのは、SNSなどで「@アカウント（もしくは名前）」をつけて、メッセージを書くこと。こうすると、「@〜」部分が青字に変化するので、読んで欲しい相手（@tradeacademiaの場合は僕）に読まれやすくなるのです。

話を戻しましょう。さて、「自分の長所を伸ばすことも大切」と最近はよくいわれますが、ことＦＸの場合、自分の欠点がなにかを徹底的に把握して、**「失敗から学び、弱点を克服する」**ことのほうが重要。

弱点をどーしても直せないときは、失敗しそうな場面では取引しない、つまり失敗から逃げる、自分の弱点から距離を置くようにしましょう。

今までトレードでうまくいかないとき、なんとなく「こうしてみようかな〜」というフワッとした感じで、次の手を考えていませんでしたか？

フワッとした感じのプランだと、行動も曖昧なので、

「こんな感じで大丈夫なんじゃないかな？」

みたいなフワッとした気持ちでトレードしてしまって、結局、また失敗

図14　トレード日記は自分で書いて反省するために必要不可欠

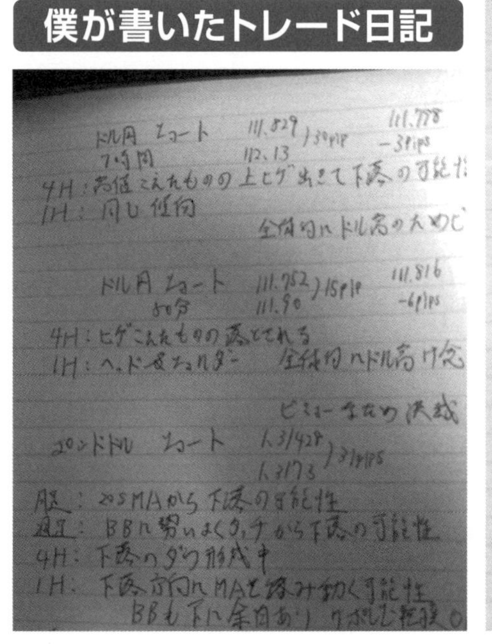

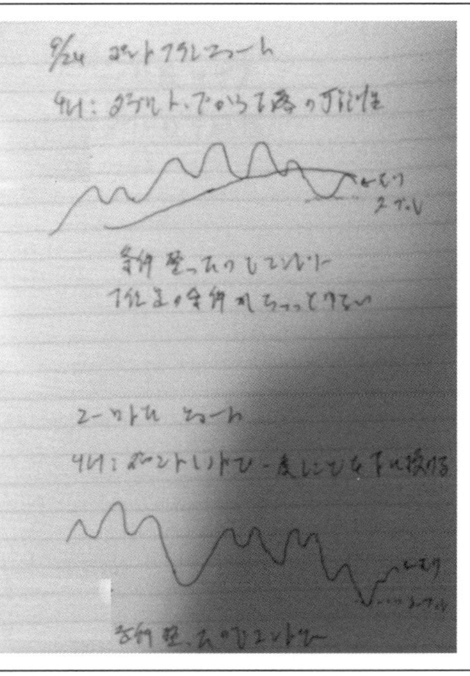

する。何度も失敗してしまうから欠点・弱点なのであって、それを克服するのはなかなか難しいものです。

ただ、欠点を放置したままFXを続けると即退場になってしまいます。

なので、克服はできないまでも「なにが自分の欠点か、どんな場面で自分はよく負けるかを知ること」、そして、「欠点がまた出て、失敗しそうだなと思ったら、トレードを回避すること」が大切になります。

トレード日記をつけるとき「なにを意識する」か？

そのため、右ページの**図15**に示したように、トレード日記でも、

- 自分がどうしてトレードしたか？
- そのトレードはあとから見るとどんな局面だったか？
- その結果、どういう結果になったか？
- そこから得られる教訓はなにか？

といった点を自分なりに振り返って、「自分のトレード」を客観的に見直すことがトレードスキル上達の近道です。

僕も日記で、次のようなことをはっきり意識できるようになりました。

- テクニカル面とメンタル面での自分の失敗パターンがわかる
- 感情をコントロールできるようになる
- 具体的な改善案が出せる

新卒で営業マンをしていたころは営業先を回ったあと、かならず帰社して営業日誌を書いて上司に提出したものです。

当たり前ですよね、それも仕事のうちなんだから。

でも、どんなに勉強ができる人でも仕事が有能な人でも、こと、FXトレードに関しては、この過去検証がなかなかできない。おそらく冒頭で述べた「自分の人生、一発逆転したい」などという、FXを始めるときの、そもそものモチベーションに問題があるのでしょう。

では、どうするか？　僕のお勧めはとにかく「行動」すること。慣れるまでは毎日、先ほどお話しした「@tradeacademia」宛でTwitterアップし、

習慣化させる事も１つの手。大切なのは「キッカケを得る」ことなので。

とにかく、FXのことになると「勉強しない」「復習しない」「反省しない」人が非常に多いのです。単に「勝ち負けに興奮したい」「勝ったときの快感に酔いしれたい」とギャンブルと同じ感覚でFXをしたいなら話は別。

たちまちのうちに大切な自己資金をすべて失って、「もうFXはこりごり」と退場し、あとは苦い記憶を忘れてしまえばいいでしょう。

でも、FXトレードを生涯スキルにまで高めて、長期間、勝ち続けたいと思うのなら、**「自分の弱点に気づく」というのが必須**になります。

トレード記録をつけていくだけで、どういうときに自分の弱点が出てしまうのかはすぐわかります。なので、負けパターンに対する対策も練ることができます。たとえば、よくある失敗パターンとしては、**「飛び乗りトレード」**。値動きを十分、分析したうえでのテクニカル的な根拠がないまま、単純に、「今上がっているのに自分は買えてなくて儲からないのは悔しい。だから買っちゃえ！」と、上昇が続いている通貨ペアに衝動的に買いで飛

図15　トレードしたあと、かならず考えたほうがいいこと

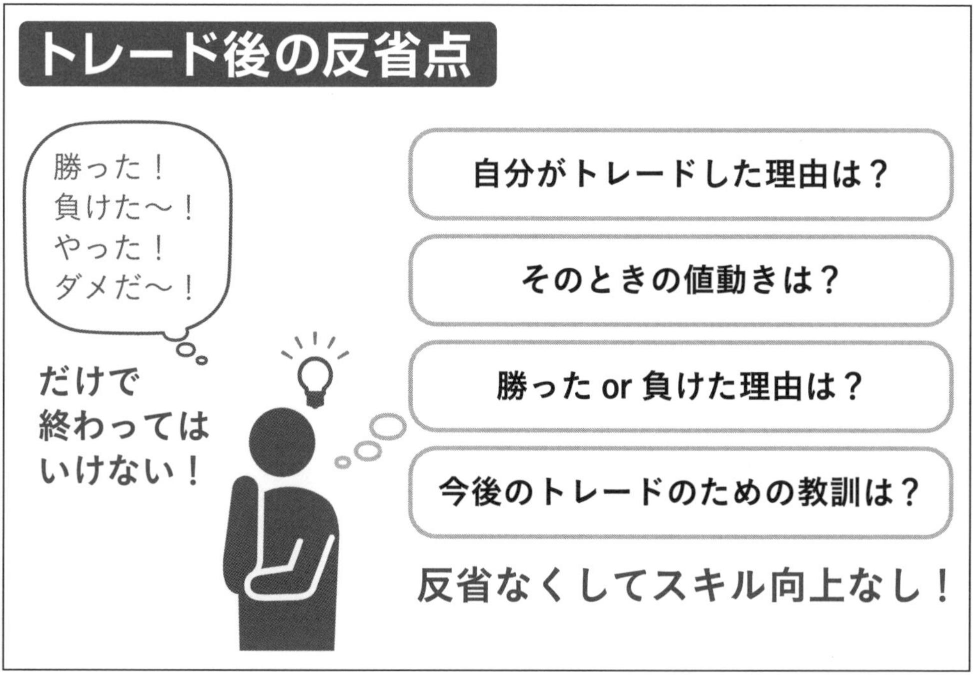

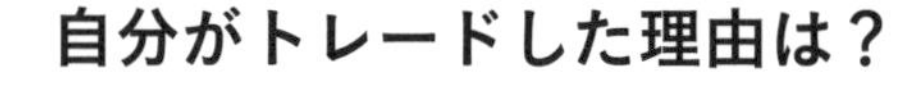

び乗ってしまう、というのが典型例です。

トレードした理由が、メンタル的な要素でしかないので、負けて当たり前なんですが、いざ相場と向き合って、とんでもない急騰局面を目の当たりにしてしまうと、ついつい買いでエントリーしたくなります。

- 自分がそういうトレードで負けていることをしっかり認識する
- そうならないための対応をする（たとえばルールを改善するなど）

まずは、この２つを徹底しましょう。**感情からくるものはいっきに改善するのは難しい**ことが多いので、少しでも、そうした失敗トレードを減らすことができれば、それだけで大きな第一歩といえます。

失敗からの反省をしっかり守って成功できたら、素直に自分をほめてあげることで「もっとできる！」という前向きな感情も生まれてきます。

さらに、失敗だけでなく、**成功体験も重要**。成功を積み重ねて、自信が湧いてくれば、FXトレードの成績も自然とよくなってくるものです。

ほめる手段としては、実際に儲かったお金を一度、出金してみて、なに

図16　飛び乗りトレードで失敗する理由と対策

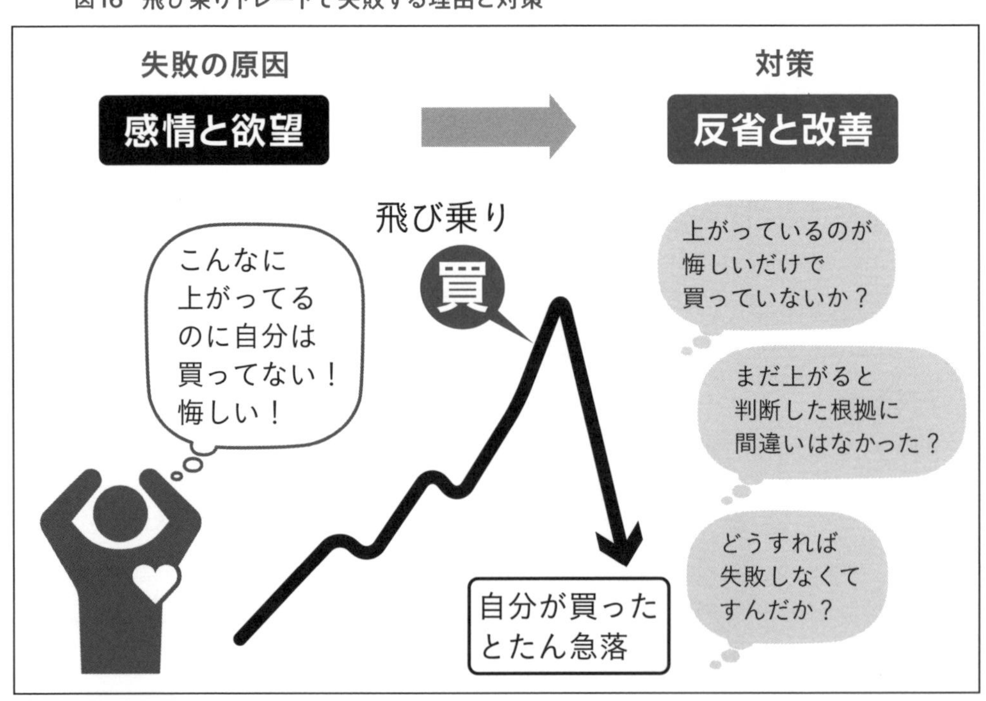

かおいしいものを食べるとか、誰かにプレゼントを贈る、というのでもかまいません。FXで儲かったり損したりを繰り返していると、お金がポイントのように思えてきて、それほどありがたみがなくなります。だから、損失が大きな金額になるまで鈍感に放置できてしまうんです。

「FXで損失100万円。FXをしなかったらその100万円で車買えたのに…」と後悔するぐらいなら、「今日は1万円儲かった。半分の5000円は出金して、家族と外食しよう」とか、**儲かったお金を実際に使ってみて、FXで儲けることの素晴らしさを実感してみる**のもいいかもしれません。

そうすると、逆にFXで損してしまうことの怖さ、愚かさにも目覚めて、早め早めの損切りが行えるようになるでしょう。

トレード日記に「なにを書く」か？

では、具体的にトレード日記にはどんなことを書けばいいのか？

これは、人それぞれ、自分のトレードのことを思い出して反省点や教訓を導き出せる形式なら、なにを書いてもかまいません。

僕自身が記録しているのは、

- エントリーした日付
- 通貨ペア
- 売りか買いか
- エントリーと決済、損切りのレート
- 売買を判断した相場の状況（週足、日足などトレードにいたるまでに見た各時間足の状況とエントリーまでの動き、その動きに対して思ったことを書きます）
- 売買した時の感情
- 決済までに順行もしくは逆行したpips数

具体的には次のページの**図17**に示したようなことを、殴り書きに近い形で記録していました。

トレード前後の値動きやエントリー・エグジットポイントだけでなく、

トレードしたときの感情も書いておくのは、やはり、**どんなに理詰めで考えても、人間の行動は感情をともなう**からです。

「絶対上がるだろうな」という期待や「この前、一回下がったからまだまだ下がるかも。怖いな〜」という恐怖や不安は、どんな熟練FXトレーダーでも感じるものです。

そして、その感情が相場を見る目を曇らせたり、根拠のないトレードをさせてしまったり、逆に大チャンスを逃してしまう要因になるわけです。

なので、トレードしたときの自分の感情が、果たして、値動きそのものに対していいものだったのか、悪いものだったのかは、結果が出てはじめて気づく部分もあります。次のような具合です。

- 相場を見ていて、ついつい興奮して、気づいたらエントリーしていた。
- 負けが続いて取り返そうとしてエントリーした。

自分がトレードするときに抱いていた欲望や感情を客観的に振り返ると、**感情や欲望などメンタル面からくる自分の負けパターン**がわかります。

図17　トレード日記に書き残すべき項目と内容

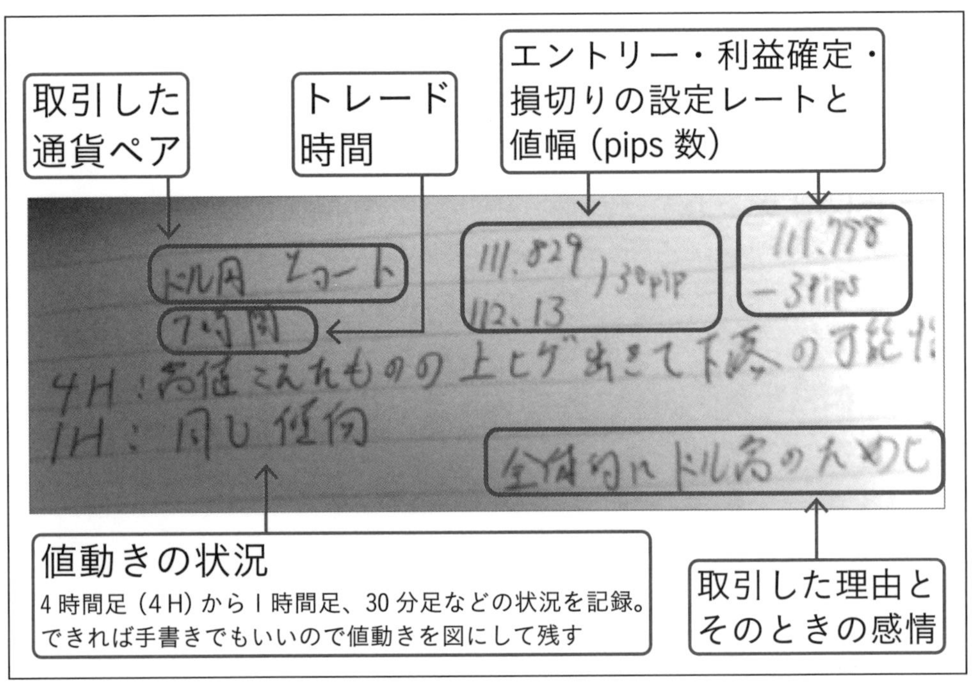

それがわかったら、あとは同じような感情を抱いて負けそうな可能性がありそうな場面をひとつひとつ意識して潰していくだけで、感情に左右されないトレードができるようになります。

トレードの際にふと思った感情というのは記録しておかないと忘れてしまうので、エントリー直後にかならず記録するようにしてください。

順行、逆行したpipsは、たとえば逆行pipsであれば、自分が損切りしたpips数だけでなく、そのあと、実際にどれぐらいエントリーポイントから逆行したのかも記録しておきましょう。

損切りポイントは、トレイリングストップで利益を伸ばしている時以外は「絶対動かすべきではない」というのが僕の信念ですが、**実際の値動きと照らし合わせて、その損切りポイントが正しかったのか、それとも結果的には間違っていたのかを検証**することも大切です。

また、損切りポイントというのは通常、チャート上で誰もが注目する過去の高値や安値など重要な「節目」の外側に置くことが多いものです。

そのため、FX会社や大口トレーダーが、個人投資家のストップロスオーダー（損切りのための決済注文）を発動させようと、その節目まで売りを浴びせたり、買い上げたりするケースもあります。

短時間の値動きになればなるほど、個人の損切り決済の力を借りて、自分が思った方向に相場を動かす**「ハメ技」**が頻繁に登場します。

そういった**大口トレーダーの手のうち**を探るという意味でも、負けて損切りオーダーが発動されたあと、最終的にどこまで予想と反対方向に逆行したかをpips数で記録しておくことが大切になるのです。

当然、順行したpipsも利益をなるべく伸ばすための検証材料になるのでたいへん貴重です。

利益が出ていたものが損失に転じそう……となったとき、それがイヤで慌てて決済したら、まだまだ利益が伸びる方向に動いた、という失敗トレードもあります。**どうすれば、もっと利益を伸ばせたかについても、徹底的に検証**することが、勝ち続けられるトレーダーになるためには必要です。

理想をいえば、トレード前後のチャート画面も保存しておきましょう。

右ページがトレード日記のフォーマットです。まずは、トレードのたびにこれと同じような項目を書き残し、自分のトレードを振り返りましょう。

僕の場合、日足チャートをまず見て大きな流れを把握、次に4時間足で売買シグナルを発見して、30分足チャートで実際の売買ポイントを決める、というように複数の時間軸のチャートを見比べながら取引しています。

これを「マルチタイムフレーム分析」といいますが、トレード日記には日足、4時間足、30分足がそのとき、どんな値動きをしていたか、その値動きからどんな判断をしてエントリーしたかを箇条書きにしています。

取引したときのチャートについては、できれば画像をキャプチャーして残しておくと、貴重な反省材料になりますが、それは手間がかかってたいへん、という人は、手書きでうにょうにょとトレード前後の値動きを残しておくだけでも十分。僕自身もエントリー前後のトレンドや高値・安値をなぞるように手書きで描いてます。

とにかく、自分のトレードについて、上記に挙げた項目を書き残す行為そのものが復習や反省につながります。

のちのち、同じような場面に出くわしたときは、「あれ、この値動き、以前も見たな。しかも、そのときはこの動きに乗っかって失敗したな」と、トレード日記を見返すことで、失敗トレードを未然に防ぐこともできます。

僕が主宰しているブログ「トレード大学」の生徒さんからは、

「トレード日記はエクセルがいいか紙ベースがいいか？」

と尋ねられますが、個人的には紙ベースを推奨します。

なぜかというと、昔、学校で漢字や英単語を覚えるときって、ノートに何度も同じ字を書いて記憶してませんでした？

やっぱり手書きが一番！

参考までに58ページ以降に、僕のトレード日記をきれいに書き直したものをご紹介します。成功トレード2つ、失敗トレードひとつ。トレードした状況がわかるようにエントリー直後の4時間足チャートと、決済後の30分足チャートもつけたので参考にしてくださいね。

図18　トレード日記の理想的なフォーマット

トレードした日時

エントリー　　　　決済

年　月　日　時　分～　　時　分

通貨ペア

エントリー・エグジットレート

エントリー

利益確定ライン

エントリーからのpips数

pips

損切りライン

pips

取引数量

万通貨

エントリーしたときに思ったこと／決済後の反省

トレード結果

勝・負

決済レート

獲得pipsと損益

pips

円

チャート状況

（　　）足

（　　）足

（　　）足

図19　僕のトレード日記　成功例①

トレードした日時

エントリー　　　　　　決済
19年8月22日9時12分～15時43分

通貨ペア

ポンドドルロング
（買）

エントリー・エグジットレート

エントリー
1.21335

利益確定ライン
1.2175

エントリーからのpips数
41 pips

損切りライン
1.2094

39 pips

取引数量

100 万通貨

エントリーしたときに思ったこと／決済後の反省

週・月足はダウントレンド。4時間足のサポートあり。30分足で逆ヘッドアンドショルダー作るか／その後、強烈な上昇。利確ライン引き上げ。快心のトレード！

トレード結果

勝・負（勝に丸）

決済レート

1.22375

獲得pipsと損益

104 pips
110万5650 円

チャート状況

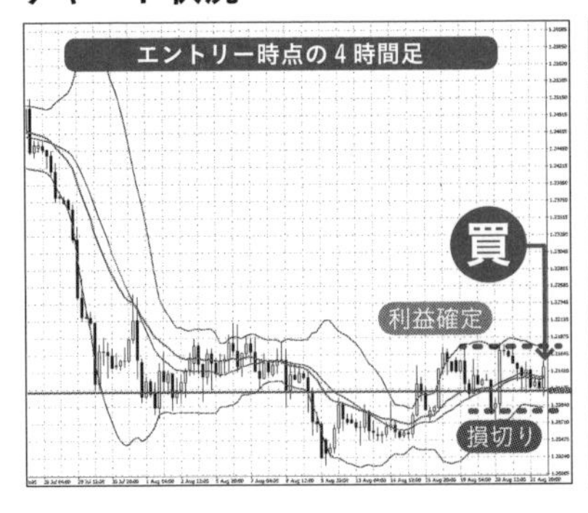

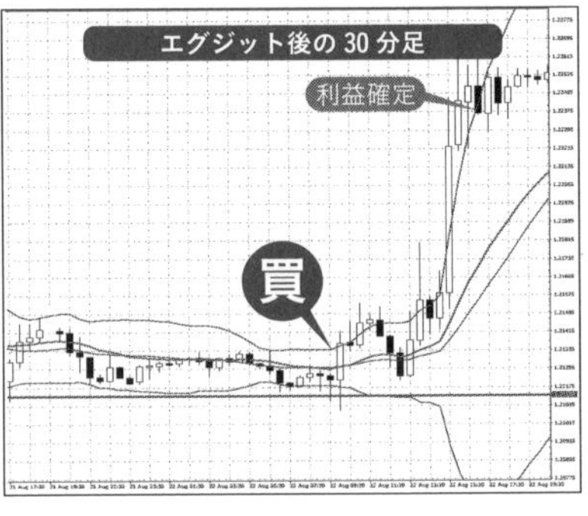

図20 僕のトレード日記 成功例②

トレードした日時

エントリー 決済
19年10月4日 8時20分 ～ 12時28分

通貨ペア

豪ドルスイス
フランショート（売）

エントリー・エグジットレート

エントリー
0.67415

利益確定ライン
0.6717

エントリーからのpips数
24 pips

損切りライン
0.6765

23 pips

取引数量

100 万通貨

エントリーしたときに思ったこと／決済後の反省

4時間足でヘッドアンドショルダー完成後、ネックラインにトライするも失敗。4時間足の逆三尊が否定されたので売り判断／チャートパターンがからむと勝率が高い

トレード結果

勝・負

決済レート

0.67176

獲得pipsと損益

24 pips
25万6925 円

チャート状況

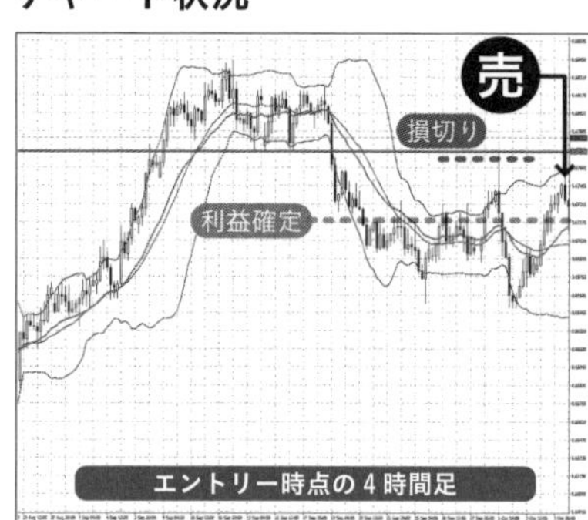

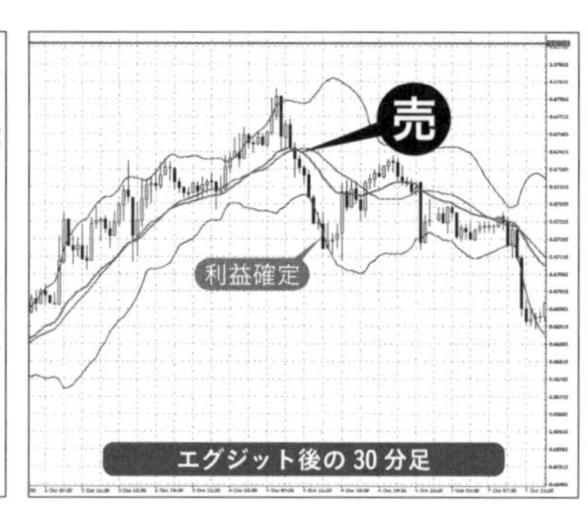

図21 僕のトレード日記 失敗例①

トレードした日時

エントリー 決済
19年10月 4日 8時25分 ～ 12時14分

通貨ペア

ポンドスイスフランロング（買）

エントリー・エグジットレート

エントリー
1.23415

利益確定ライン
1.2403

エントリーからのpips数
61 pips

損切りライン
1.2286

55 pips

取引数量

50 万通貨

エントリーしたときに思ったこと／決済後の反省

日足・週足はダウントレンド。4時間足は上昇転換の可能性／30分足のエントリーが早すぎ。本当に上昇転換したのかもう少し様子見すべきだった

トレード結果

勝・負（負に丸印）

決済レート

1.22857

獲得pipsと損益

－59 pips
－29万8781 円

チャート状況

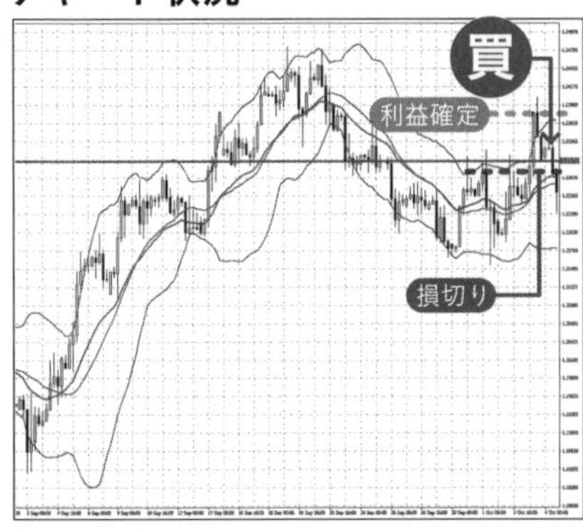

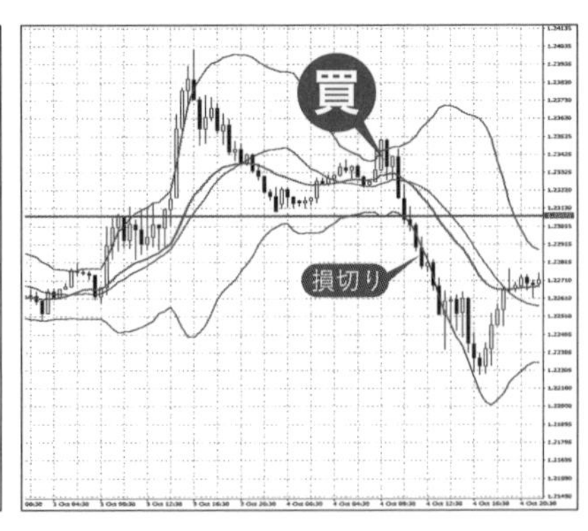

第3章

ダマシは「環境認識」で見抜く笹田式トレード基礎編

FXトレードに必須の「環境認識」とは?

「環境認識」がどんな「必勝シグナル」より大切な理由

人は知らない場所に出かけるとき、地図を見ます。

地図の中に目的地の場所を探し、現在地からそこまでどれぐらい遠いか、どうやったらたどりつけるかを判断します。

FXの「環境認識」は、地図を見ることに似ています。

要するに今の相場が地図上のどういう場所にあるかを把握するのが環境認識です。平たい言葉でいえば、**相場分析**という言葉で置き換えてもいいでしょう。つまり、

- 「これまで相場はどう動いてきたか」という現状把握
- 「これからどっちに向かって動いていきそうか」「その動きはどこまで行きそうか」という未来展望

この2つを行うのが環境認識です。

FXの地図には、目的地さえ入力すれば、道順を教えてくれるGoogle Mapのような便利なアプリはなく、独力で地図を作製する必要があります。

たとえば、大きな流れでアップトレンドが続いているとき、売りで勝負すると勝率は低くなります。右肩上がりで為替レートが上昇しているのに、その流れに逆らうように売りを入れてもなかなか儲かりません。

僕が大好きなヘッドアンドショルダーという相場反転シグナルも、まだ力強いアップトレンドが続いている環境では、頼りにならずダマシが多発します。

右の**図22**に示したように、ヘッドアンドショルダーが形成されても値動きが反転して下落せず、上昇が続くケースもフツーに起こるわけです。

そのため、「ヘッドアンドショルダー=売り」というエントリーパターンだけをうのみにして、機械的にそのシグナルで売買してしまう人は、

「ヘッドアンドショルダーが出たら相場が反転でしょ？　これまでのトレンドが転換するので、今までの方向に逆張りすれば勝てるんでしょ？」

と、手ひどい負けを食らうことになります。

ネットやセミナーなんかで出回っている「必勝法」を妄信するだけでは、コンスタントにFXで勝ち続けることができないのも、そのせいです。

どんな必勝法も相場環境が違えば当たらないですし、逆にいうと、相場環境をきちんと認識できるような売買ルールじゃないと、そのルールを忠実に守っても勝てない、ということです。

FXトレードでコンスタントに勝ち続けるための重要度は、

①資金とメンタルの管理→②環境認識→③エントリーパターン

の順になります。

まずは第1、2章で見た資金管理、メンタルコントロールが大切です。

どれぐらいの勝率でどれぐらいの利益：損切り比率で、最大、どの程度の損失まで許容するか、ということを自分なりに決め、欲望や感情に振り

図22　どんな必勝法も環境が異なると使えない

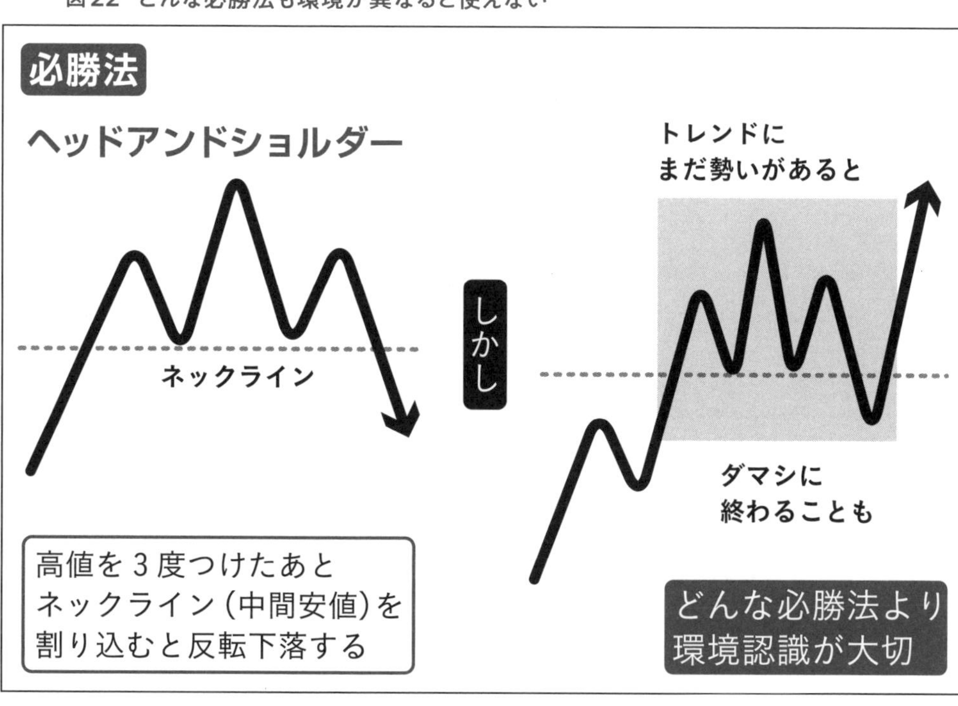

回されることなくトレードすることがFXで勝ち続けるための大前提です。

そして次に重要なのが、これまでの値動きの現状分析とどっちに向かって動いていきそうかという未来予測、すなわち環境認識です。

そのあとに重要なのが、たとえば「直近高値を越えたから買い」とか「移動平均線がデッドクロスしたから売り」という売買プランというかトレードルールになります。ただし、こうしたエントリーパターンは環境認識が正しいときにしか通用しません。環境認識が間違っていれば、単なるダマシ、役立たずのシグナルにしかならないのです。

正直なところ、FX歴15年になる僕からいわせていただくならば、「**エントリーパターンは、実はなんでもいい。資金管理と環境認識を徹底して極めないと勝ち続けることはできない。**いや、負けて、FXから退場になる」というのが実感です。それほど、環境認識は重要だ、ということ。

環境認識で見るべきものは「たったの2つ」

じゃあ、環境認識とはなにか？　というと、それは、

- トレンド
- サポート・レジスタンス

の2つになります。

トレンドというのは、もうご存じのように、為替レートの値動きの大きな方向性のことで、「**アップトレンド（上昇）**」「**ダウントレンド（下降）**」「**レンジ（横ばい）**」**の3つ**があります。

ただし、日足、4時間足ではアップトレンドなのに、1時間足ではレンジ、5分足だとダウントレンドという場合もあります（右の図**23**）。

トレンド判断するときには、それが「**どの時間軸のトレンドか**」がとても大切。そして、その際の法則は「**短い時間軸のトレンドは大きな時間軸のトレンドの支配下にあり、その影響を強く受ける**」というもの。

あとで見るように、時間軸の大きなチャートでトレンドを確認して買いか売りかを決め、時間軸の短いチャートがそのトレンドに沿って動き始め

た、もしくは動いているときを狙ってエントリーする、というのがFXトレードの基本になります。

一方、**「サポート・レジスタンス」**というのは、「節目」というか「攻防ライン」というか、**その価格帯にくると為替レートが自然と下げ止まったり、上げ渋ったりするライン**を意味します。

「サポート」というのは日本語では**「支持帯」**と呼ばれ、為替レートの下落を食い止めるクッションとして働いている価格帯のこと。

「レジスタンス」は**「抵抗帯」**ともいい、為替レートの上昇を阻む壁として機能している価格帯です。

為替レートの値動きというのは、市場に参加しているたくさんの投資家が「このレートなら安いから買い」「このレートなら高いから売り」と実際に売買することで生まれます。

アップトレンドのときは買い手優勢で「これからも上がるだろうから、少し高くても買いたい」という投資家が多い状況です。

図23 トレンドと時間軸の関係性を理解する

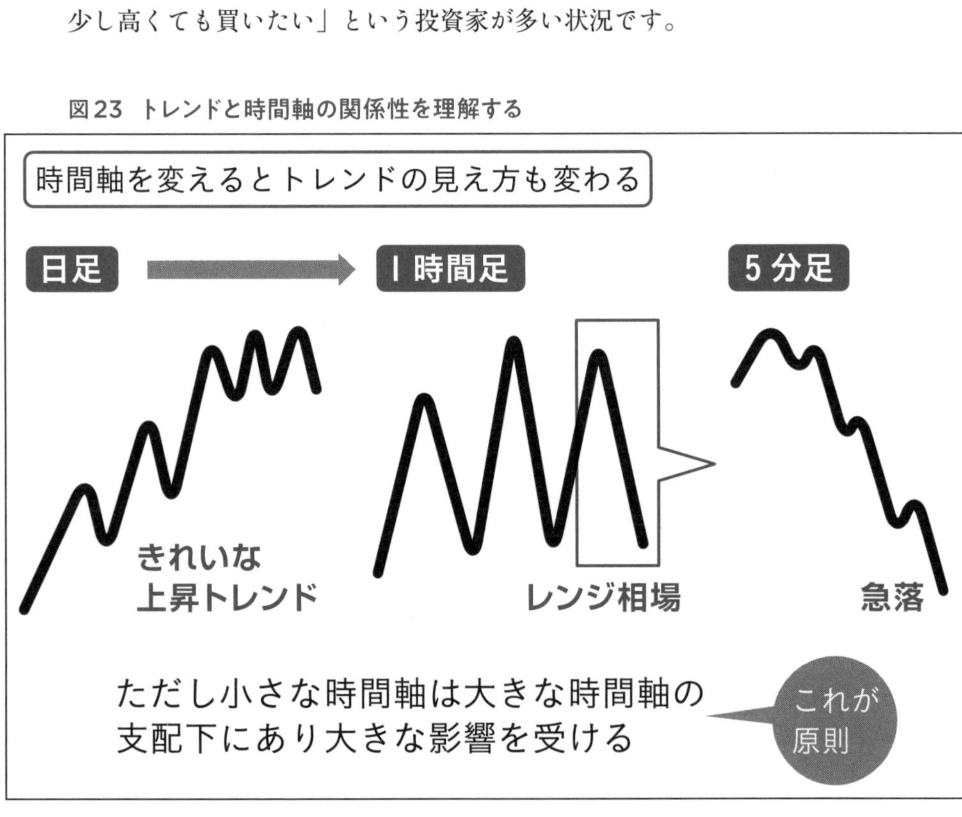

しかし、どんなに見事な上昇トレンドでも、「ここまで上がるとさすがに高いから買うのが怖い」と多くの投資家が感じて、利益確定しはじめる局面が何度もやってきます。

そのポイントが「高値」といわれる、チャート上にできた山です。

いったん高値をつけた為替レートは下落に転じますが、トレンド自体は上向きなので、少し下がると、「まだまだ上がりそうだし、安くなったから買いたい」という投資家の買いが入って、ふたたび上昇を開始します。

その際、高値は上昇を阻む関門になります。

為替レートが前の高値に到達すると、高値づかみした投資家の決済売りや、「さっきはここで下がったし、今回も下がるかも…」と不安を感じる投資家の売りが膨らんで、下げに転じてしまうこともあります。

同じ高値まで2度も上がったのに、突破できずに下げてしまうと、その高値は「レジスタンス」として、強く意識されるようになります。

何度かレジスタンスラインに挑戦しては押し返され…を繰り返したあと、ついにその高値ラインを越えて、上昇が続けば、アップトレンド継続と判断できます。

では、何度かレジスタンス突破に挑戦したものの、ことごとく失敗に終わって、高値を更新できない場合は？

その場合は高値ラインを上限にしたレンジ相場に入ったり、「もう上がらないなら、逆に下がるはず！」という売り手が多数登場して、ダウントレンドへトレンド転換することになります。

大口投資家の売買が「サポート帯／レジスタンス帯」を生む

チャート上にできた山（高値）や谷（安値）は、のちのちまで投資家の心理や意識に影響を及ぼし、変化をもたらす力をもっているのです。

その力が顕著になったのが、チャート上で過去の高値や安値が数多く位置するサポートレジスタンスラインというわけです。

実際の値動きを見ていると、為替レートがこれまで下落を食い止めるサポート帯として機能していた安値ラインを割り込むと、今度はその価格帯が上昇を阻むレジスタンスに転換したり、逆にこれまで上昇を阻む壁として機能してきた高値ラインを突破すると、今度はその価格帯が下落を食い止めるサポートに早変わりする、といった現象が頻繁に起こります。

僕はこの現象を**「サポレジ転換」**と呼んで、FXトレードで環境認識を行うとき、めちゃくちゃ重きを置いた判断材料にしています。

下の**図24**に具体例を挙げましたが、サポレジ転換はチャート上に頻出する動きで、かつ、**FXの絶対的な「稼ぎどころ」**になります。

「サポレジ転換」——あとで詳しく解説しますが、この言葉、覚えておいてくださいね！

では、どうして、これまでサポートだった価格帯（過去の安値が２つ以上重なったライン）がその後、レジスタンス（過去の高値が２つ以上重なったライン）に転換したり、その逆が起こるのか？

そもそも、為替市場を動かしているのは、何百億円という資金を投資す

図24　値動きの節目となるサポートレジスタンス転換とは?

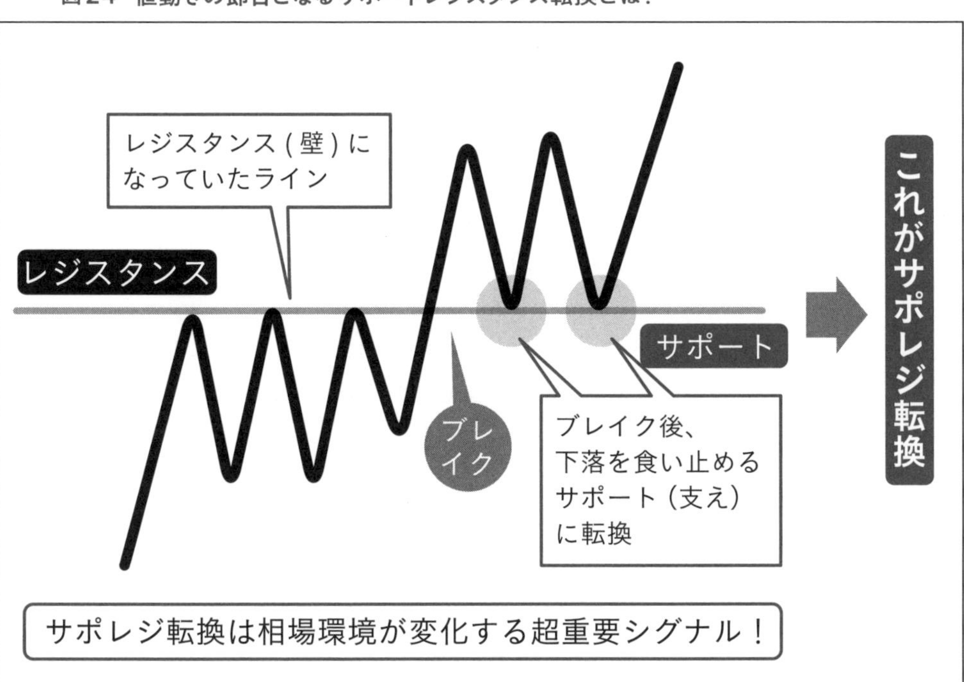

る**銀行やヘッジファンドや年金運用会社、生命保険会社、商社など、「大口」と呼ばれる投資家**です。

こうしたプロの大口投資家は「この価格帯になったら買い/売り」と決めて大量の注文を入れておくことが多いもの。

たとえば、「ドル円が110円まで下がったら100億円の買い」という大口投資家の注文があった場合、為替レートが110円まで下落すると、その投資家からの大量の買い注文が入るので、そこから下にはなかなか下がらなくなります。

こうした**大口投資家の大規模な売買が、値動きの中にサポートやレジスタンスとなる価格帯が生まれる直接の原因**といえます。

では、これまでのサポートラインがブレイクされて下落したら、大口投資家たちはどんな行動に出るでしょう？

いくらたくさんお金をもっている大口投資家でも、為替レートが買値より下がって損失が膨らむのはいやです。

そのため、為替レートがふたたび上昇して、過去のサポートラインに近づくと、「やっとプラスマイナスゼロに戻った。また損失が増えないうちに少しずつ売ってしまおう」という大口投資家の売りが出て、為替レートの上昇を阻む壁になるのです。

一部の大口投資家の直接の売買行動でサポート帯となる安値ライン、レジスタンス帯となる高値ラインが形成されると、ほかの多くの投資家もそのラインを意識して取引するようになります。

ますます、その価格帯が**心理的なサポートやレジスタンス**として投資家の売買行動に大きな影響を与えるようになるわけです。

いったん破られたサポートがレジスタンスに転換したり、その逆が起こったり、投資家が意識すれば意識するほど、サポートレジスタンス、略してサポレジラインの存在感が増していきます。

やがては過去の高値・安値ラインが投資家心理を一変させる攻防ラインとなり、多くの投資家がそのラインを上抜けるか割り込むかを判断材料にして、実際の投資行動を起こすように。

「横断歩道、みんなで渡れば怖くない」ではないですが、結局、**為替レートというのは投資家の群集心理によって動く**もの。

投資家心理を読むための、とっかかりというか、判断材料になるのが、サポートレジスタンスというわけです。

当然、多くの投資家が「上がる」と楽観している上昇トレンドでは、為替レートがサポートラインまで下がると反転上昇しやすくなります。

逆にみんなが「下がる」と悲観しているのが下降トレンドですから、サポートラインよりレジスタンスラインに投資家の意識が集まります。

つまり、今、どの価格帯がサポートやレジスタンスとして機能しているかは、トレンドの判断や分析にも必要不可欠な情報なのです。

トレンドはダウ先生に訊け！　「ダウ理論」ってなに？

経済ニュースに関心のある方なら「ニューヨーク・ダウ」という言葉に聞き覚えがあると思います。

「NYダウ」は米国の代表的な株価指数ですが、そこに名前を使われている**チャールズ・ダウ**こそ、株やFXの投資判断に使うテクニカル分析の創始者といわれています。

ダウ氏は、戦前の米国株式市場で活躍したジャーナリストですが、

「価格はすべての情報を織り込む」

という言葉が一番、有名です。

投資家は世界中で起こるさまざまな変化に反応して、株やFXの売買を行っています。

どんな情報も瞬時に価格に反映される以上、株価や為替レートが今後どのように動くかは、これまでの値動きだけ見ていればいい。

それがダウ先生の教えというわけです。

過去の値動きを示したチャートを見て、その中に生まれた値動きの勢いや方向性から未来を予測する方法を**「テクニカル分析」**と呼びます。

僕もまた、ダウ先生が提唱したテクニカル分析のおかげで、億り人にな

れました！

ダウ先生が創始したテクニカル分析の教えは**「ダウ理論」**と呼ばれ、今でもFX市場に根強い影響力をもっています。

ダウ理論をすべて紹介すると、とても長くなるので割愛しますが、その根本にあるのは、

「株価や為替レートといった価格はトレンドに沿って動く」

というもの。

本書も含め、どんなFXの教科書を読んでも「為替レートの大きな方向性に沿った**トレンドフォロー**の売買を心がけよう」と書かれていますが、その教えを世界中に根づかせたのがダウ理論なのです。

ダウ先生は、海辺で潮の満ち引きを見て、「値動きの中にもトレンド（潮流）がある」ことを発見した、といいます。

トレンドというと移動平均線やトレンドラインの傾きに注目する人もいます。「ある期間の終値の平均値である移動平均線が右肩上がりだとアップトレンド」とか「高値同士を結んで引いたレジスタンスラインが右肩下がりなら下降トレンド」とか、いろいろな定義がありますが、ダウ氏の説明はとてもシンプル。

- 主要な高値と主要な安値が切り上がっていればアップトレンド
- 主要な高値と主要な安値が切り下がっていればダウントレンド

この2点を押さえておけば、ひとまずダウ理論のとっかかりとしては問題ありません。

つまり、為替レートがこれまでの安値を下回ることなく、これまでの高値を越えて、どんどん上昇していくのがアップトレンド。

これまでの高値を越えることができず、これまでの安値を下回って下がっていくのがダウントレンド、となります（右の**図25**）。

高値も安値もなかなか更新されず、横ばいで推移しているときはトレンドがない状況、すなわちレンジ相場とみなします。

移動平均線やトレンドライン、ボリンジャーバンドなどは、投資家が売買したレートを独自の計算式で指数化したものです。

それに対して、実際の資金の動きがそのまま形になるのがローソク足。そのローソク足がつけた高値や安値の裏には「高値で買って損している投資家」「安値で売って損している投資家」がかならずいるんです。

このことからも、**投資家自身が実際に売買してせっせとつくっているローソク足の高値や安値のほうがより相場にインパクト**をもたらし、値動きに影響を与えるのは明らか。僕はどんなテクニカル指標よりも、チャート上にできた実際の高値や安値を重要視しています。

高値が切り上がっているのは、前の高値よりもさらに高い価格でも買っている人がいることを示します。

高い価格になっても買いたい人がいるということは、それだけ人気があり、買いの圧力が強まっている状態といえます。**「高くても買いたい人がいる」ということこそがアップトレンド**といえます。逆に「安くても売りたい」という投資家が多くて、安値がどんどん切り下がるのがダウントレンド。人気がなくなり、売りの圧力が強まっている状態といえます。

図25　ダウ理論が教える「トレンドとはなにか?」

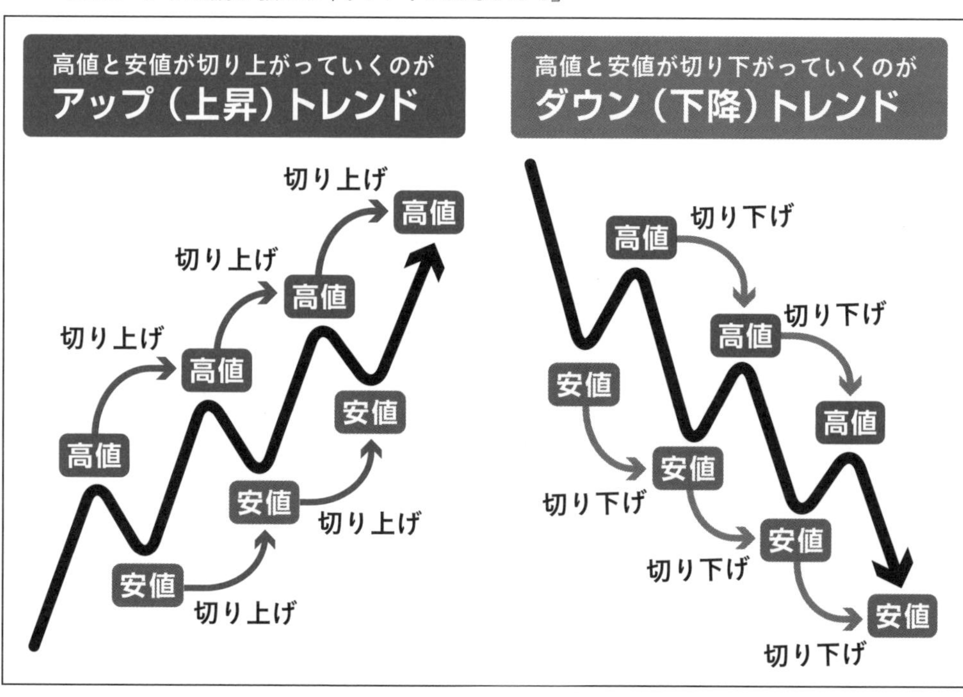

環境認識の第一歩は「トレンドの全体像」を把握すること

ダウ理論では、トレンドには1年〜数年にわたる主要トレンド、3週間〜3カ月の2次トレンド、3週間未満の小トレンドなど**「期間」**があるとされます。

また、アップトレンドの場合、少数の投資家が底値買いを始める**「先行期」**、価格の上昇を見て多くの投資家が買いを入れる**「追随期」**、先行期に買った投資家が利益確定を始めて上昇幅が縮小したり乱高下が起こる**「利食い期」**という3段階があるといわれています。

いずれにしても、トレンドに乗った売買をするためには、トレンドが生まれたところから現在まで、**トレンドの全体像がわかる時間軸で値動きを見る**ことが大切です。

僕の場合は30分から数時間程度で売買を終わらせるデイトレードが稼ぎの中心ですから、4時間足を中心に日足や1時間足にきちんとしたトレンドが出ているかどうかを一番よく見ます。

数日から数週間の売買を行うスイングトレーダーなら日足に出ているトレンドが重要ですし、それ以上の長期投資をする人なら日足だけでなく、もっと期間の長い週足や月足のトレンドも見ておいたほうがいいでしょう。

どのトレンドを重要視するかは、どれぐらいの長さで取引を行うかによって決まってきます。ただし、短期売買派の僕でも、**日足や週足に出ているトレンドは頭に入れて取引**をしています。

右の**図26**は、ユーロドルの4時間足チャートですが、ローソク足が高値と安値を切り上げ、ダウ理論でいうところのきれいなアップトレンドが続いています。

僕だけでなく、どんな投資家でもこのチャートを見れば「その流れのどこかで買いたい」と思うはずです。

では、どこで買うか？

たとえ、きれいなアップトレンドが続いていたとしても上昇が小休止して、レンジ相場に移行している場面があるのは図を見てもわかります。そのレンジの上限を突き抜けて、アップトレンドがふたたび勢いづいた地点で買うのもいいでしょう。いわゆる**「レンジブレイク」という売買手法**になります。たとえば、図のAやBの地点です。

なるべく安く買いたい人は、いったん為替レートが過去の高値ライン近辺まで下がって、そこから反発上昇するのを狙うのもいいでしょう。

図でいうとCやDの地点では、これまでレジスタンスとして機能していた過去の高値ラインが逆に下落を阻むサポート役になって、為替レートが反転上昇しています。こちらはある種の**「押し目買い」**に近い買い方になるでしょう。

トレードプランはさまざまですが、プランを立てるには、やはりトレンドが始まってからの値動きの全体像がわかっていて、**「どれぐらいの期間や勢い、チャート形状でトレンドが続いてきたか」という俯瞰図**が必要、というわけです。

むろん、こうやって過去のチャートを見て、「上昇の初めから終わりま

図26　トレンドフォローの２大戦略とは?

でずっと買っていれば、めちゃくちゃ儲かっていたのに…」と考えるのは結果論です。

ただ、自分が今、どんなトレンドの中にいるかを意識しないでトレードするのは、コイントスのようなもの。第1章で見たバルサラの破産確率でもわかるように、勝率5割では確実に破産にむかってまっしぐらです。

負けているトレーダーは直近の状態にしか目線がいかないので、気づかないうちにトレンドにはおかまいなしのトレードに走りがちです。

勝率を上げ、リスクリワードのいい好条件のトレードを続けるには、自分が取引する時間を支配している大きなトレンドを確認したうえで、その流れに乗ったトレンドフォローの取引を心がける以外ありません。

かといって、デイトレードするのに月足のトレンドを気にしてもあまり意味はありませんし、数カ月以上の長期投資をする人にとって4時間足以下の時間軸は無意味です。

あとで詳しく説明しますが、チャートの時間軸は、

「月足>週足>日足>4時間足>1時間足>30分足>15分足>5分足」

の順で長くなりますが、**自分が実際に取引する時間軸の2つか3つ上の時間軸でトレンドを確認するのがいい**と思います。

僕のトレードの基本はデイトレです。

4時間足チャートでいえば、「この次の1本は高確率でこう動く」というローソク足1本分から2本分の値動きを50～100万通貨という大量Lotで狙っています。4時間足でトレンドを確認したら、それより2つ短い30分足チャートを使って、具体的なエントリー、利益確定&損切りポイントを決めていきます。

たとえば、前ページ図26のユーロドルで、Bのレンジブレイクが起こった地点の30分足チャートが右ページの**図27**になります。

図で青い帯を敷いた8本のローソク足がちょうどレンジブレイクしたときに出現した4時間足の大陽線1本を30分足で見た動きです。

時間軸を30分足におとすことで、より細かくエントリーポイントや損切りポイントを設定できます。

下図の場合だと、30分足の直近高値を突破したaの地点でエントリー。損切りラインは30分足で続いてきたそれまでのレンジ下限bに設定します。アップトレンドが続いているので、どこで利益確定するかは図26の4時間足だと判断できませんが、そういう場合は日足など、よりワイドな時間軸でレジスタンスになっている高値がないかなどを探すのも、ひとつの方法です。

僕自身はあまり使いませんが、図に示したように、これまでのレンジの値幅分、レンジ上限から上昇したら利益確定というやり方なら、決済までかなり時間がかかりましたが、Cの地点で利確できました。

これはあくまで、レンジブレイクの売買プランの一例で、僕の手法とは違います。ただ、「トレンドフォローっていわれても、具体的にどう売買すればいいかわからない」という人も多いかと思います。

そんな人は、①きれいなトレンドが出ている時間足を探す→②その時間足でトレンドが加速したり、小休止したあと再加速しそうな場面を探す→

図27 大きい時間軸で環境認識→小さい時間軸で売買プラン

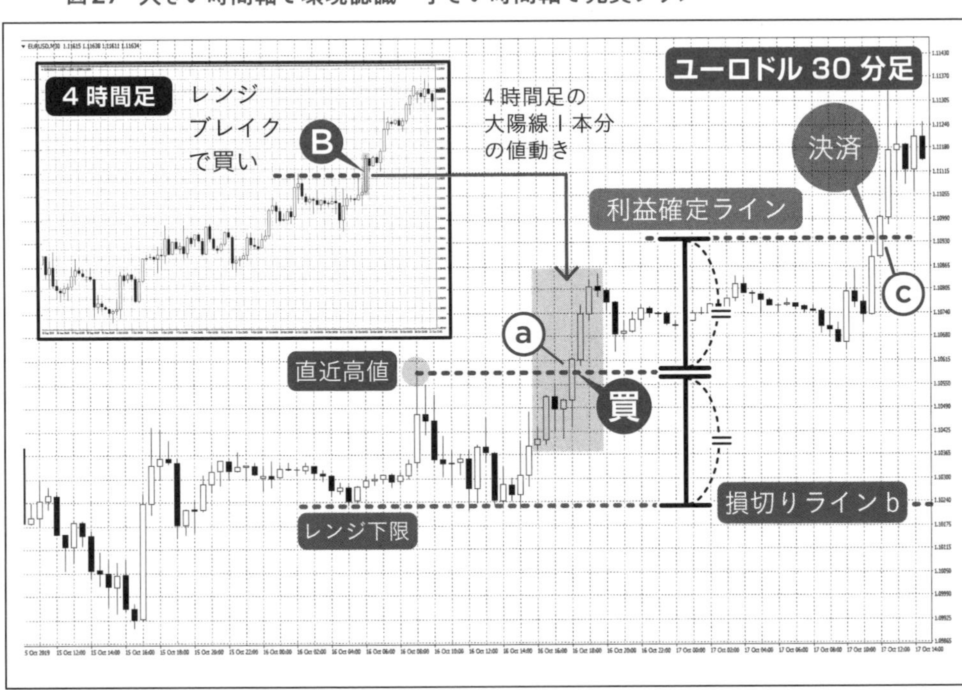

③その時間足より、2つ短い時間足で具体的なエントリーポイントや利益確定・損切りポイントを探してエントリーする、という流れでトレードプランを立ててみましょう。

それが「トレンドフォロー」を実際の売買におとしこむ方法になります。

大切なのは、**トレンドが出ている足よりも、2つ短い時間足で売買プランを立てる**こと。

短い時間軸のほうが当然、値動きする幅は小さくなるので、獲得する利益も減りますが、損切りの値幅も小さくなります。投入するLot数にもよりますが、大損しないトレードを積み重ねることができます。

トレンドの「小休止」や「終了」を見極める方法

為替レートの値動きには**トレンド相場**と、上にも下にもいかず方向性が定まらない**レンジ相場**の2つがあります。儲けやすいのは、当然、方向性が明確で値動きにも勢いのあるトレンド相場で決まりです。

しかし、トレンド相場でも一時的にトレンドが小休止して、レンジの値動きが続くことがあります。

勝率を上げ、リスクリワードのいい取引をするためには、こうしたレンジの局面ではトレードしないことが大切です。

というのも、レンジ相場というのは「高値を突破しそうに見えて、結局、突破できずに下がる。安値を割り込みそうに見えて、再度、レンジ内に戻ってくる」という動きが基本です。そんな相場で「高値を突破したら買い、安値を割り込んだら売り」というレンジブレイクの手法で取引していたら、損切りの嵐になってしまうからです。

レンジ相場が続いている間は「下がったら買い、上がったら売り」という逆張りをしないと儲かりません。しかも、デイトレードやスキャルピングなど時間軸が短いときのレンジは、値幅も小さく、大口投資家の売買で相場が不規則&不可解に動くので儲けるのは至難のワザです。

トレンド相場では順張りのトレンドフォローで臨み、レンジ相場では逆

1
2
3
4
5

張りで臨む、なんて二兎追う取引をすると痛い目に遭うのがオチです。

短期売買の敵といってもいいレンジ相場を避けるうえでオススメしたいのが、**レンジのスケール（時間の長さや値幅の大きさ）**を意識すること。

FX歴15年の僕の経験則は、「ひとつのトレンドの中で起こるレンジのスケールはなぜか似てくる」というものです。

かならず、そっくり、ということはありえないですが、「あっ、ここはトレンド相場の中のレンジ（小休止局面）だな」という値動きのスケールはどことなく似てくるもの。とても感覚的なものになりますが、テンポというかリズムというか、ある種の類似性があるんです。（下の**図28**）。

レンジ相場が終わってトレンドが再加速する瞬間がわかれば、トレンド再加速の初動段階に乗って大きく儲けることができます。

なので、相場がレンジで動きはじめたら、過去のレンジのスケールから見て、「今回のレンジもこのくらいで終わりそう。それまでは待ちに徹しよう」と考えてください。

図28　トレンド相場で起こるレンジのスケールを意識する

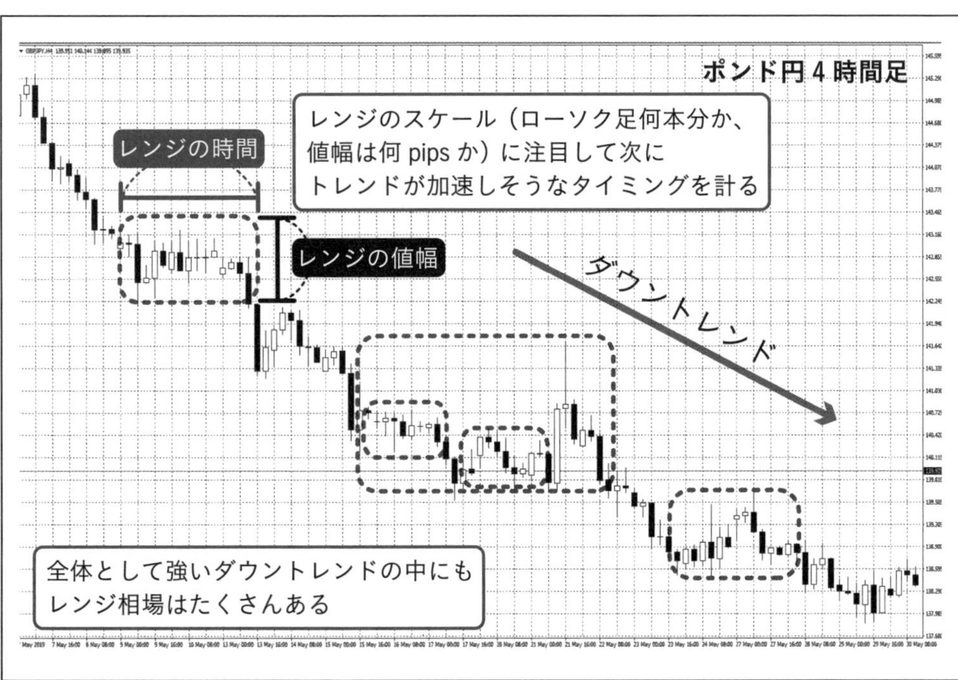

では、これまで続いてきたトレンドが転換するときはどうでしょうか？

アップトレンドがダウントレンドに転換するときというのは、これまで順調に安値と高値を切り上げてきた為替レートがなかなか高値を更新できなくなってきて、上昇力が鈍化したときです。そのあと、前回安値を割り込むような急落があると、十中八九、トレンド転換になることが多いので、その準備をしましょう。

逆に、かなり長期間、アップトレンドが続いてきたあと、急激に上昇したあとも要注意です。**「バイイングクライマックス」**といって、その急騰で買いたい投資家が買いきってしまって、あとは下がるだけ、となることが多くなります。逆に急激に下落したあと、反転上昇する**「セリングクライマックス」**も有名です。

むろん、これらはあくまで経験則にすぎませんが、トレンドフォローの取引をするうえでは**、取引しない場所も明確に意識しておくことが、下手な鉄砲を撃たずに勝率を上げるための極意**になります。

図29　トレンド相場が終わる２つの兆候

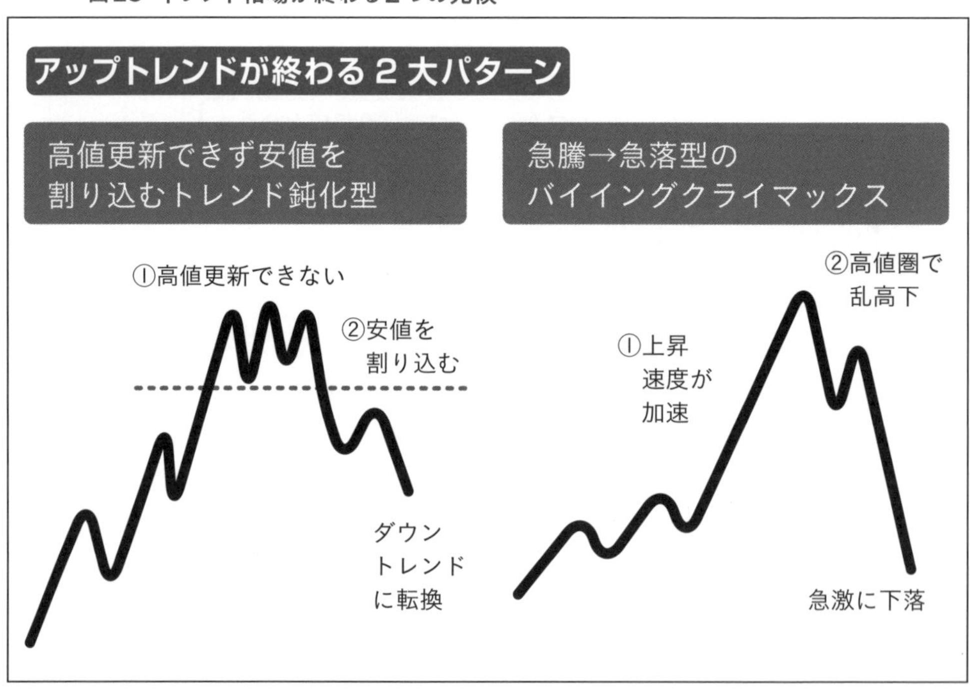

「勝てるところだけ取引する」というのは裏を返せば、「負けそうなところでは取引しない」ということ。トレード中毒に陥らないためにも、トレンドが小休止したり転換したりしそうな局面を意識して、「チャンスを待っているだけ、見ているだけ」の時間をつくることも大切なのです。

笹田式「環境認識」の肝 ―― サポレジ転換のほんとうの見方

FXの環境認識は値動きの方向性＝トレンドを把握したうえで、「じゃあ、どこでエントリーすればいいか」を探す作業です。

流れている川に飛び込むのは誰だって怖いもの。

流れの方向性はわかるけど、「なるべく損するリスクを減らせるエントリーポイントはどこか？」を教えてくれるのが、FXの環境認識にとってトレンド判断同様に重要な**「サポート・レジスタンス」**です。

この章の冒頭でも述べたように、チャート上には、為替レートが不思議とそのレートで安値をつけて下げ止まる「サポートライン」、高値をつけて上げ渋る「レジスタンスライン」があります。

なぜ、そうしたサポート・レジスタンス、略して**「サポレジ」**で値動きが止まるかというと、これまた先ほど見たように、その価格帯にヘッジファンドや商社や銀行といった大口投資家が大量の資金を投じて「この価格であらかじめ買う／売る」という先物取引やオプション取引の注文を入れているのも大きな原因のひとつといえます。

こうした大口の予約注文があるため、ある一定の価格になると大量の買い注文や売り注文が発動されて、為替レートの動きが止まるというわけ。

当然、ほかの投資家もその価格帯を意識するようになります。

そして、その価格帯がサポートやレジスタンスとして機能している間はいいですが、やがてはラインを上抜けたり割り込んだりする動きが出ます。すると大口投資家の損益状況が一変するため、取引が膨らみ、為替レートが一方向に大きく、急激に動く点火剤や着火剤になったりもします。

どんなに頭のいいAI（人工知能）でも、「今の為替レートはいくらであるべき」という正しいレートを計算することはできません。それは投資家の「儲けたい、損したくない」という欲にまみれた取引ではじめて生まれるもの。

前にもいいましたが、その際、投資家が取引の参考にする為替レートの「攻防ライン」「節目」「買い勢力・売り勢力の陣地」「最前線の基地」として機能するのがサポレジというわけです。

笹田式「サポレジライン」の引き方

こうしたサポートやレジスタンスとなる価格帯は、どんな通貨ペアのどんな時間軸のチャートを見ても、かならず存在します。

その引き方のコツは、まずパッと見て、明らかに値動きが止まっている高値や安値を起点に引くこと。

明らかにというのは、

- かなり長めの時間軸で見てもわかりやすいところ
- 相場がその安値や高値を起点にトレンド転換しているところ

の2点です。

サポレジ探しをするときは、ある程度、チャートの表示期間を長くしないと、チャート上で何度も下げ止まりや上げ渋りが起こっているところがわからないので、MT4ならツールバーにあるマイナス印（−）の虫眼鏡をクリックして、かなり長期間の値動きがわかるチャートを表示します。

中でも、そのラインが分岐点になってトレンド転換しているところ、つまり、実際に値動きに大きな変化が生まれているラインが重要です。

たとえば右ページの**図30**・ドル円4時間足の場合、一番重要なサポレジラインは急落後にレンジ相場の上限になったAのレジスタンスラインです。

ドル円はラインAの高値まで何度も上昇したあと押し返されてレンジ相場を形成していましたが、図の①のポイントでついにラインAをブレイクして上昇トレンドに転換しました。

そして、図の②のポイントでは、今度はラインAが下落を食い止めるサポートラインに転換しています。
「トレンド転換につながるサポレジライン」というのはまさに、Aのようなラインのことです。

これまで上昇を阻むレジスタンスとして機能してきたラインがその後、下落を阻むサポートに早変わりしたり、サポートラインがやがてレジスタンスラインに役割を変えたり、サポートとレジスタンスの転換が起こっているラインこそ、トレンド転換につながる相場の「節目」「分岐点」といえるのです。チャート上に1本の水平線を引くだけで、見える風景が全然違ってくる。それが「サポレジライン」のすごさ、です。

笹田式FXではこれを**「サポレジ転換」**と呼んで、めちゃくちゃ重要なエントリー根拠にしています。

チャート上にできた高値や安値が2つ以上重なっているところに引く、というのがサポートレジスタンスラインの教科書的な引き方です。

図30 レジスタンスからサポートへの転換を察知する方法

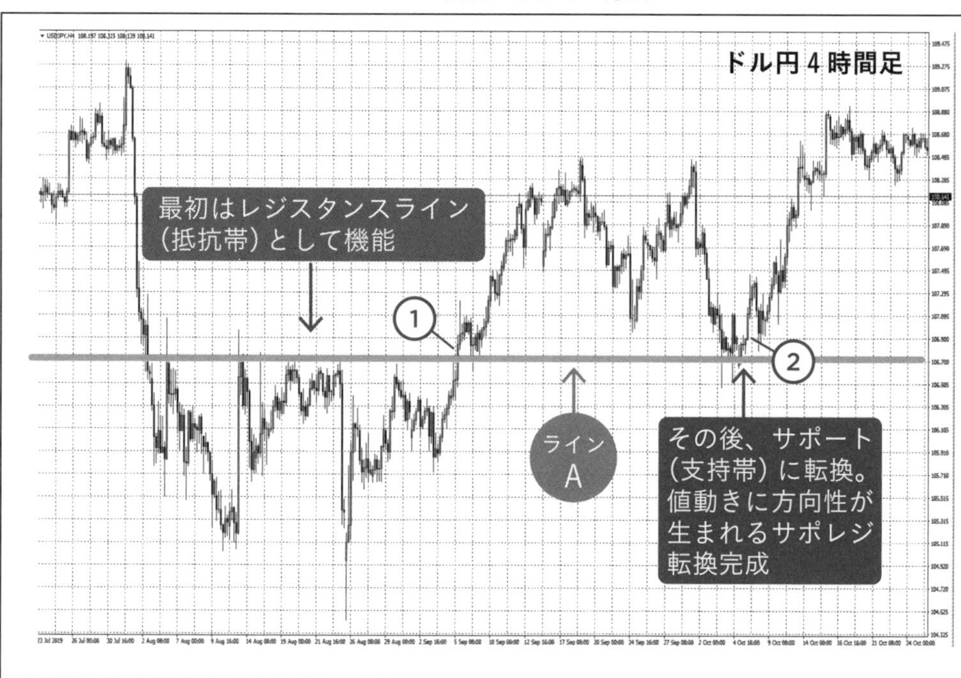

しかし、機械的にそのルールを守って引くと、**図 31**のユーロドル4時間足のように非常にたくさんのラインが引けて、逆に混乱してしまいます。

ひとつのサポレジラインからもうひとつのサポレジラインまでの間は、トレンドをともなった値動きになりやすく、笹田式FXにとっては絶好の稼ぎ時です。しかし、これだけたくさんラインを引いてしまうと、トレードする隙間がありません。

では、どのラインが重要かというと、やはり今、まさに為替レートの値動きに影響がありそうなライン、今後有効になりそうなラインです。

同じラインでも強弱や今の相場に効きやすい／効きにくい、といった差があります。それがわかっていると相場反転やトレンド転換につながりそうなラインでエントリーや決済できるので、実戦でも大いに役立ちます。

図 31の場合、重要なラインは図に示したAになります。

Aのラインは図の①の安値や②の高値が重なっていて、直近の大陽線③が今まさにラインAをブレイクしたばかり。安値①のときにはサポート、

図 31　今の値動きにとって重要なサポレジラインとは?

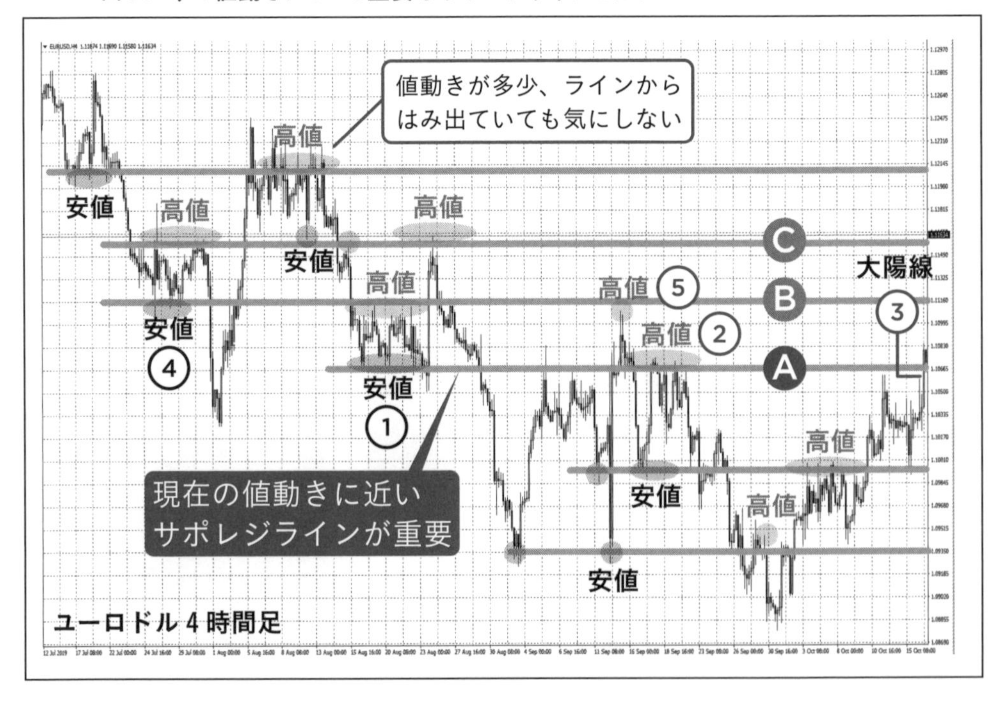

高値②のところではレジスタンスとして機能してきたラインAですが、大陽線③の出現で、ふたたびサポレジ転換が発生して、アップトレンドが始まる予感大です。

そうなると、どこまで上がりそうかの目安をつけておきたい。そこで大切になるのが、大陽線③がそのまま上昇を続けたときにぶつかるBのサポレジライン（安値④、高値⑤が起点）です。

さらに上昇を続ければ、その上値にあるCのサポレジラインまで到達する可能性もあります。

で、このあと、ユーロドルがどのように値動きしたかを示したのが下の**図 32**です。

ユーロドルは大陽線③のあと、急上昇して、ラインBを勢いよく突破します。しかし、ラインCに上昇を阻まれ、下落に転じています。

その後もラインCが上昇を阻むレジスタンスとなり、何度か突破を試みましたが、失敗しています。

図32　サポレジラインの突破／反転から値動きを予測する

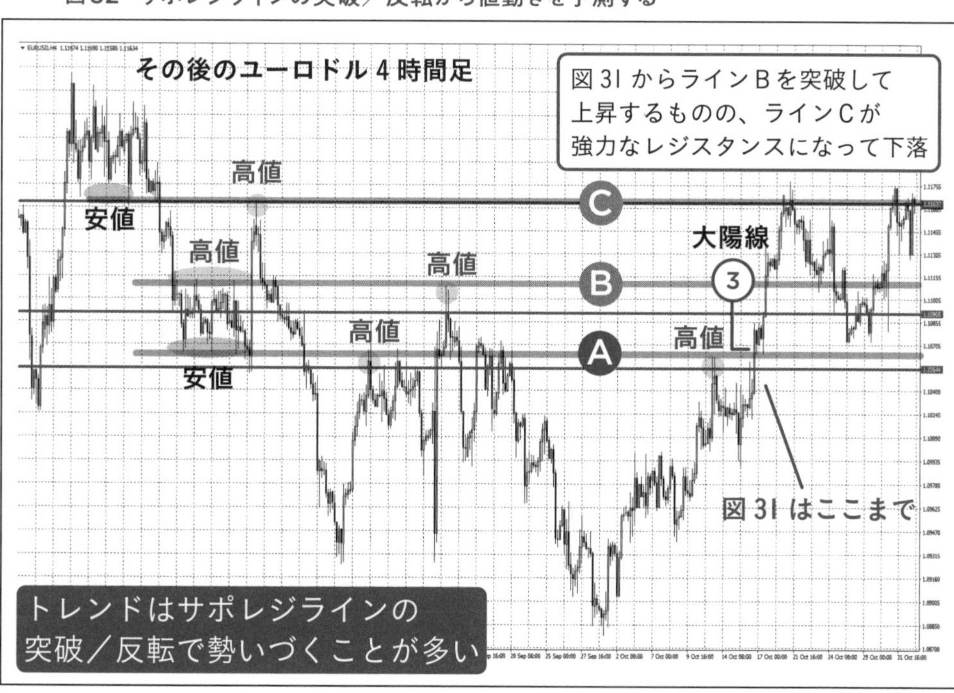

どーですか？　サポレジラインって結構、値動きに大きな影響を与えているでしょ？　というか、数ある高値や安値が通るラインの中から、ラインAやCのような、**値動きに大きな影響を与えそうな「魔法の水平線」を見つけ出すことこそ、高い勝率でリスクリワードもいい取引を行うための秘訣**になる、というわけです。

サポレジを使った「トレンド転換」・実戦売買例

サポレジが値動きに対して強い影響をもつかもたないかの一番の決め手は、実際に多くの高値や安値がそのラインにぶつかっているか。つまり、何度もそのラインで下げ止まりや上げ渋りが起こっているか、です。

さらに、サポレジ転換においても、大きな時間軸でサポレジになっているラインが小さな時間軸の値動きにも強い影響を与える、という考え方が基本中の基本になります。

30分足でトレードしようと思っているなら、4時間足でサポレジを探したうえで、そのラインに対して30分足の値動きがどう反応するかを見る――というように、①長い時間軸で重要なサポレジ探し→②それより短い時間軸でエントリーポイント探しというのが売買手順になります。

MT4を使って長い時間軸の足に水平線を引くと、その水平線を残したまま、より短い時間軸のチャートも描画できます。

笹田式鉄壁FXのトレードをするときはMT4でチャート分析することをオススメします。

サポレジラインは、トレンド転換が起こるとき、トレンドが再加速して継続するとき、どちらのケースでも売買ポイント探しに有効です。

たとえば右の**図33**はドル円の日足チャートですが、ここ数年のドル円は週足レベルでは上がったり下がったりを繰り返すレンジ相場が続いていることもあって、トレンド転換につながるサポレジ帯をかなり簡単に見つけることができます。初心者の方はどうしても値動きの中の最高値や最安値に目がむきがちですが、トレンド転換という意味では、**サポートライン**

がレジスタンスに役割転換した「サポレジ転換ライン」のほうが重要です。

図の場合、ドル円が天井圏を形成する過程でできたサポレジラインAは、そこを割り込むと急落し、突破すると急騰するケースが多く、重要なトレンド転換ラインとして機能しています。

逆に相場が急落したときの安値や大底圏を形成する過程でできた中間高値が通るラインBは、ラインを越えたり、上値から下がってラインに接近したあと反転上昇に転じる転換ラインとして機能しています。

サポレジラインをいろいろ引いてみて、そのラインが値動きにどんな影響を与えているかをよく観察しましょう。値動きグセがわかれば、次にそのラインを通過したときの動きの予想に役立ちます。

「AもBもきっちり高値や安値が通っていないじゃないかっ！」

と批判する人もいますが、FXのトレードはロボットではなく人間が行っているもの。おおざっぱにこのあたりに高値や安値が集まっているな、というラインがわかれば十分ですし、もしそれが気にいらないなら、ライ

図33 レンジ相場では相場が反転するサポレジラインを探す

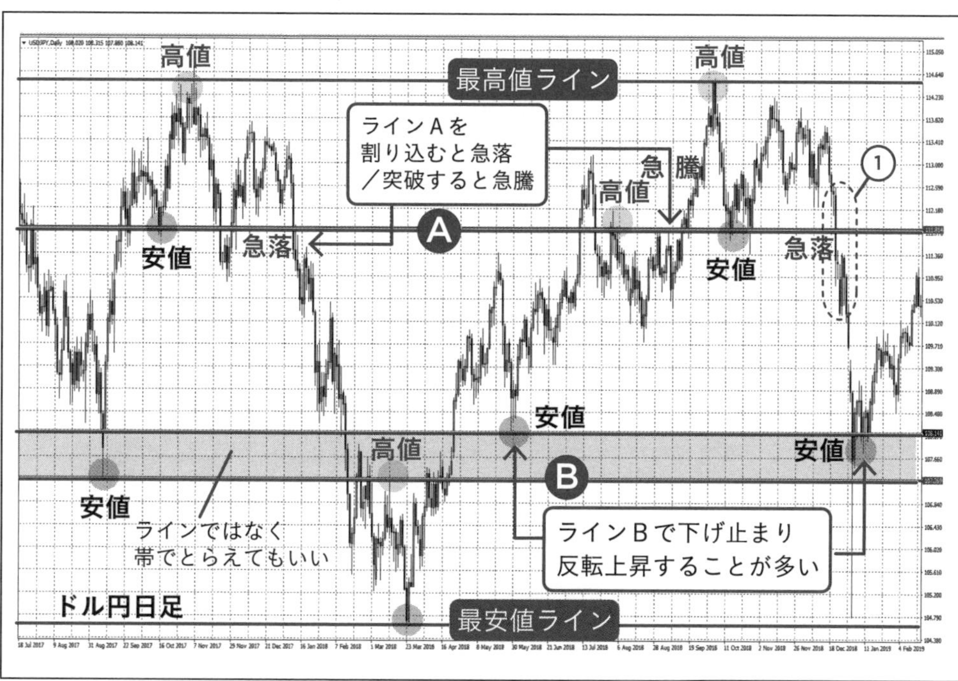

ンではなく、**値幅のある帯のような形**（図 33参照）でサポレジラインを視覚化するのもありです。

いずれにせよ、こうした俯瞰図があれば、「あっ、今、為替レートがサポレジラインに近づいた。トレンド転換など値動きに変化が起こるかも」と準備できます。図 33のラインAやBのようなサポレジラインを4時間足や日足チャートに引き、そのラインを残したまま、より短い時間軸のチャートを表示して、値動きがラインA、Bを抜けたり割り込んだところでエントリーしていくというのが、サポレジラインを使ったトレンド転換トレードの手順になります。

図 34は、図 33・日足の①のゾーンでドル円が天井圏から急落して、下降トレンドへ転換したところを1時間足チャートで見たものです。

日足チャートで見ると大陰線1本でストンと落ちたように見えますが、1時間足で見ると、Aのラインまで下落する前に、1時間足のサポートラインⓐを割り込み、いったん上昇したあと、再度割り込んだ①の地点など

図34　短い時間軸において売買ポイントを探す方法

が事前に売りを仕掛けるチャンスになっていました。

サポレジラインAを割り込んでからもいっきに下落するのではなく、②、③と高値をつけて反発。その過程でできた安値がかさなるサポートライン⑥がその後、レジスタンス帯に転換している④の地点などは追加売りのチャンスでした。ひとつの例ですが、このような流れで短い時間軸の中にもサポレジラインを引いてみて、サポレジ転換を実際のトレードに結びつけていくこともできます。

サポレジを使った「トレンド継続」・実戦例

サポレジ転換は、トレンド継続の場面にも登場します。

まず下の**図 35**を見ていただきたいのですが、非常にきれいなアップトレンドでは「上昇→少し下落→上昇」というジグザグの値動きが続きます。

その際、前の高値が下落を食い止めるサポート役になり、そのライン上

図35 トレンド相場におけるサポレジライン形成

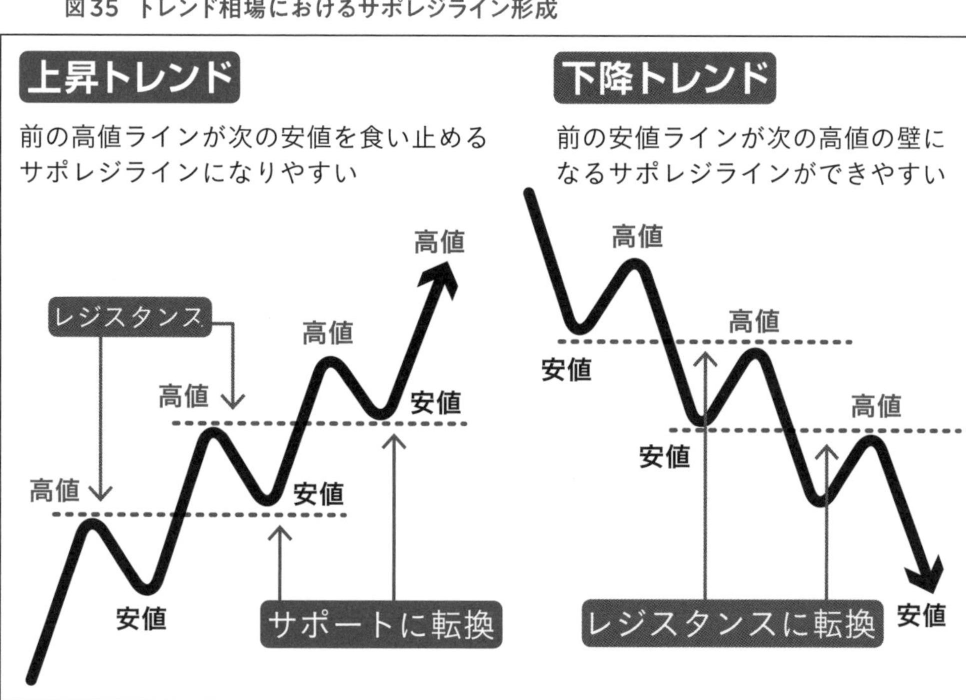

に次の安値ができるケースが多くなります。前の高値ラインというのは、その時点では為替レートの上昇を阻んだレジスタンスだったので、その価格帯がサポート役になることでサポレジ転換が起こっているわけです。

このようにサポレジ転換には、トレンドを持続させる力もあるんです。

図35に示したように、ダウントレンドでは前の安値ラインがサポート役からレジスタンス役に転換することが多くなります。

サポレジ転換が起こる場面はアップトレンドにおける押し目買い、ダウントレンドにおける戻り売りのポイントになります。

右ページの**図36**は、オージー(豪)ドル米ドルの4時間足チャートですが、画面左ではダウントレンド、右ではアップトレンドが続いています。

ダウントレンドが続いているところでは、Aの安値付近のサポートラインがサポレジ転換し、上昇を阻むレジスタンスラインとして、かなり長期間、機能していました。

その後、上昇が続いて、いったんラインAを上抜けますが、ダウントレンド中にできたBの高値ラインにぶつかって反転下落。高値Cが高値Bと並ぶ形になり、このレジスタンスラインが強化されます。

しかし、ふたたび上昇が続き、高値B－Cのレジスタンスラインを突破してアップトレンド入り。

突破以降は、アップトレンドにおける「上昇→少し下落」という値動きになりますが、その際つけた高値D→安値Eの下落は、過去にレジスタンスとして機能した高値B－Cのラインがサポート役になって下げ止まり、反転上昇に転じています。

これぞ、トレンド継続時における典型的なサポレジ転換の具体例です。

反転上昇したあとは、高値Dのレジスタンスラインでいったん足踏みしますが、そこを抜けてさらに上昇が続きました。

サポレジ転換を意識していれば、ダウントレンド中は、ラインAまで上がったらショート（売り）という売買戦略を立てることができました。

アップトレンドに移行してからは、高値B－Cラインで下げ止まったあと、反転上昇した場面がロングエントリーのチャンスになります。

サポレジ転換の「ほんとうの意味」とは？

サポレジ転換の話をすると、「じゃあ、レジスタンスラインまで上がったら売り」「サポートラインまで下がったから買い、でいいわけね？」と勘違いする人がいます。

慎重派で鉄壁を目指す僕はそれだけではエントリーしません。実戦の値動きというのは、サポートやレジスタンスに当たって、ぴったり止まることはあまりないですし、前の高値を更新したからといって「高値ブレイクだ！」と勢い込んでロングエントリーしたら、そのあと、あえなく下がってしまった、ということが多発します。

単純なサポレジタッチやブレイクでは勝率が悪く、ずっと勝ち続けるのは難しいというのが実感です。

FXの値動きはよく、**「買い勢力と売り勢力の陣地取り合戦」**にたとえられます。

図36　トレンド相場におけるサポレジ転換の具体例

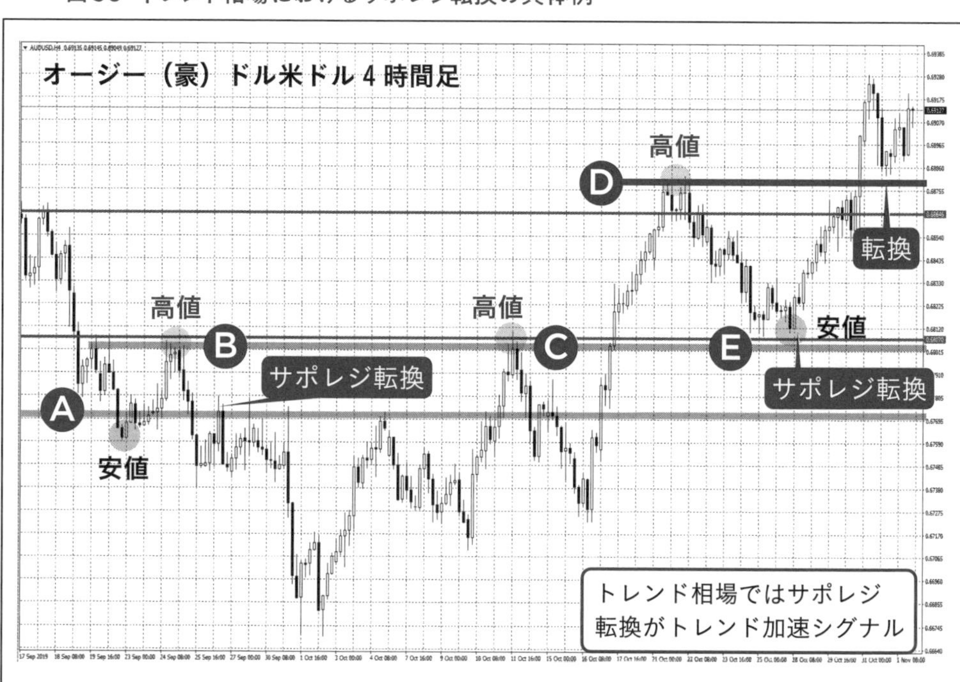

買い勢力が攻めて為替レートを上昇させますが、売り勢力が抵抗を試み、買い勢力を蹴散らしたところがチャート上にできた高値になります。

そのライン（価格帯）はレジスタンスという売り勢力の前線基地になり、買い勢力の上昇圧力の前に立ちはだかる壁になります。

しかし、買い勢力がその壁を突破して売り勢力を敗走させると、今度はそのラインが買い勢力の拠点になります。

そうなるとこれまでレジスタンスだったラインが、今度は買い勢力が売り勢力の売り圧力を食い止めるサポート役に変化します。

この買い勢力と売り勢力の攻守逆転こそサポレジ転換のほんとうの意味です。なので、僕がエントリーするのは、レジスタンスラインが突破されたあと、そのラインが実際にサポートラインに転換するのをしっかりと見届けてから。

具体的にいうと、下の**図 37**のような場面になります。

エントリーするかどうかを決めるうえでは、そのサポレジライン近辺に

図 37　サポレジ転換は投資家の勢力図が逆転したことを示す

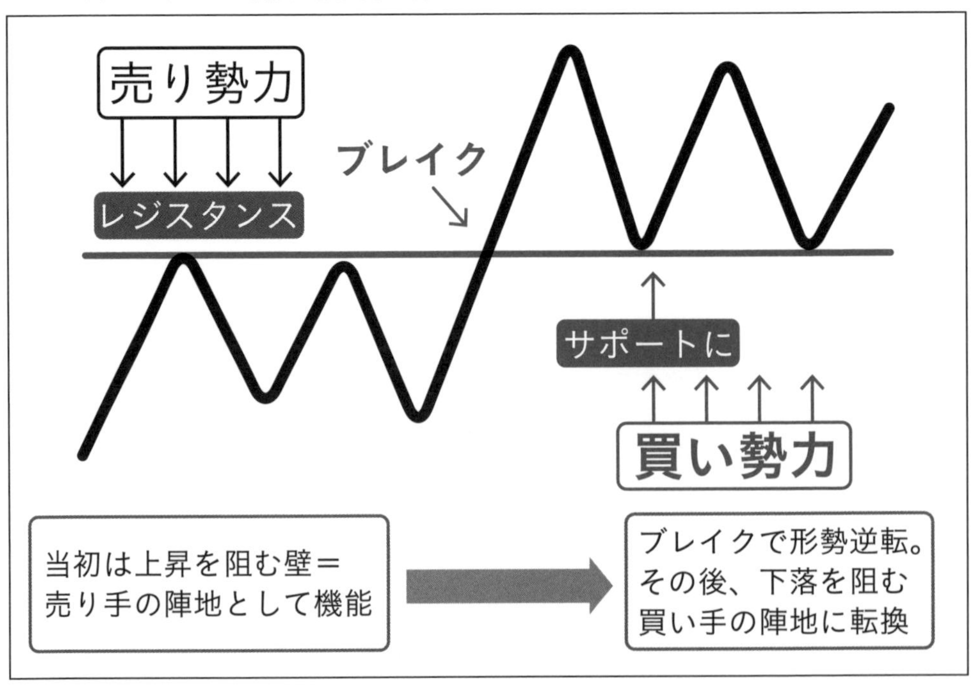

過去の高値や安値がたくさんあって、何度も買い勢力と売り勢力の攻守の切り替わりが起こっているかどうかも確かめます。

同じサポレジ転換にも強いのと弱いのがあって、何度も値動きの反転があった価格帯はいやがおうにも投資家の注目の的になるため、「強いライン」として意識されるからです。

確かにチャートを見ていると、サポートやレジスタンスラインをいっきに抜けて急騰・急落が続く場面もあります。

ただ、そういった急騰・急落は、サプライズな経済指標や政治イベントが突如発生した際に起こりがちなもの。

急騰や急落をあとから振り返ると「ここで取引しておけば、めちゃくちゃ儲かったのに…」と未練たらたらになりますが、実際のトレードではなかなか、その勢いに便乗するのは難しいです。

着実な値動きになりやすいサポレジ転換だけにターゲットを絞ったほうが勝てる確率が格段に上がる、というのが僕の経験則です。

ところで、みなさんは、本書冒頭の「Quiz」でご紹介した、下の図をまだ覚えていてくれたでしょうか？

FXを勝利に導く魔法の水平線、それが「サポレジ転換」。こればっかりはチャートを見て、自分で見つける練習をしてもらう以外ありません。

次ページ以降にドリル形式でさまざまなチャートを紹介しました。

見開きページの左に問題、右に僕なりの答えを載せました。

まずは右ページの答えを伏せて、自分なりにサポレジ転換が起こっていると思う価格帯に水平線を引いてみてください。

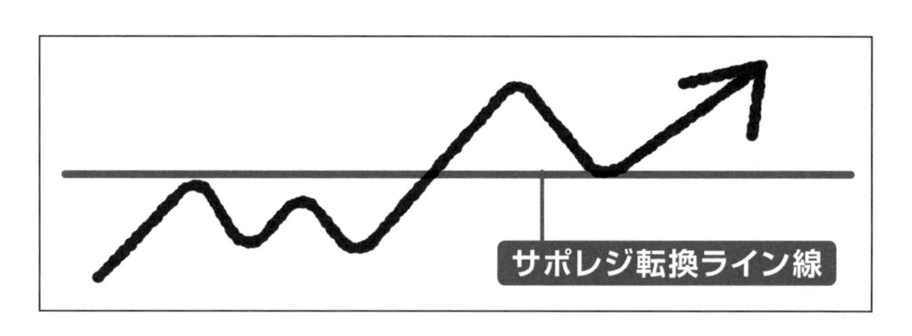

図の中でサポレジ転換が起こっているラインを引いてください

図38 オージー円4時間足

図39 ユーロドル4時間足

サポレジドリル❶ 答え

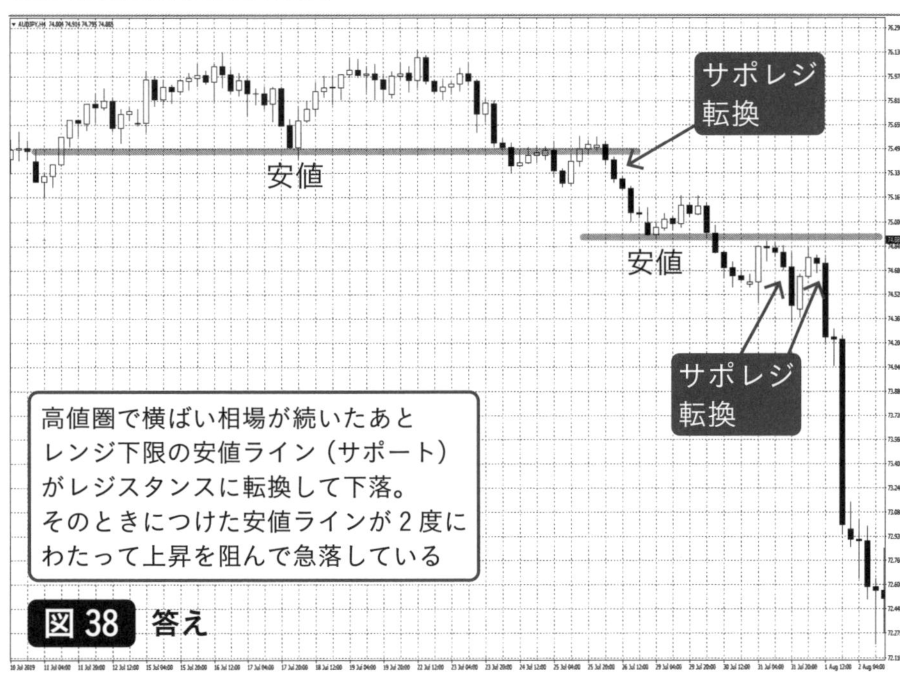
サポレジ
転換
安値
安値
サポレジ
転換
高値圏で横ばい相場が続いたあと
レンジ下限の安値ライン（サポート）
がレジスタンスに転換して下落。
そのときにつけた安値ラインが２度に
わたって上昇を阻んで急落している
図 38 答え

図 39 答え
下降から上昇へトレンド転換する
場面ではダウントレンド時の高値
ラインがその後のアップトレンドの
サポート役に転換することが多い
サポレジ
転換
高値
高値
高値
高値
サポレジ
転換
サポレジ
転換

図の中でサポレジ転換が起こっているラインを引いてください

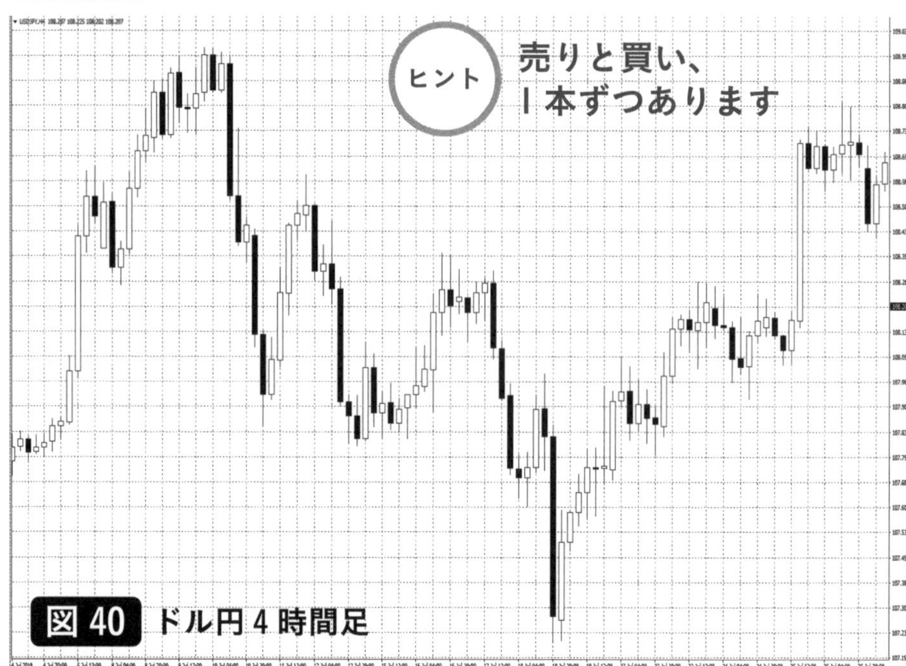

図40 ドル円4時間足

図41 ドル円4時間足

サポレジドリル❷ 答え

図 40 答え
サポレジ
転換
高値
高値
高値
サポレジ
転換
左は高値ライン（レジスタンス）が
その後の急落局面でふたたびレジスタンス
として機能したサポレジ転換の亜流。
右は底打ち反転局面でできた高値ライン
がサポートに転換して上昇する典型例

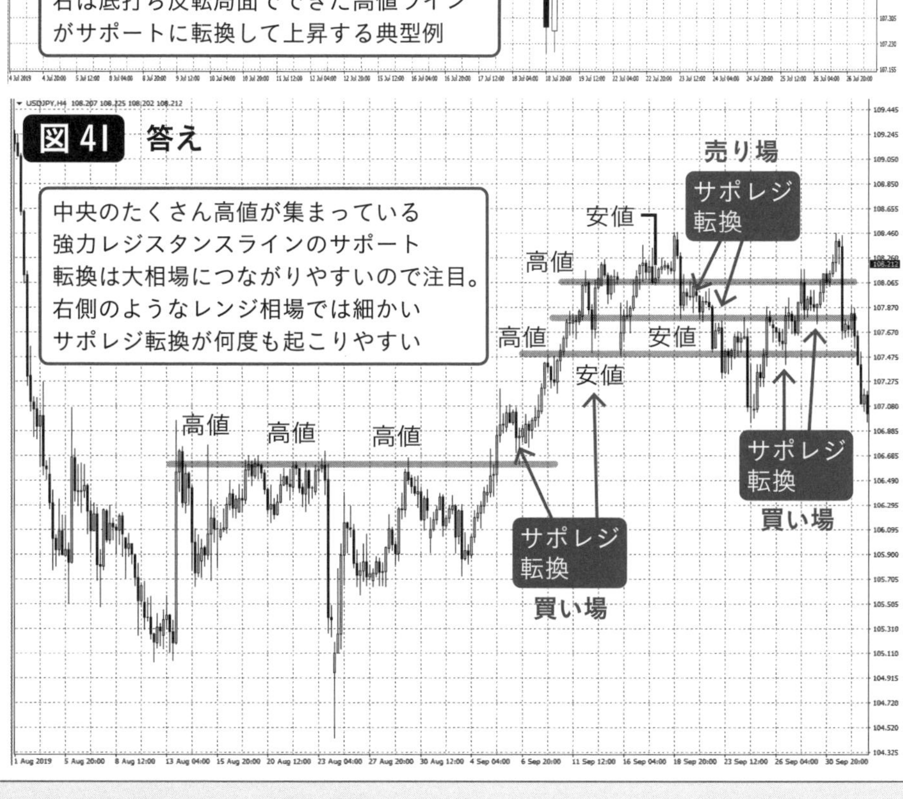
図 41 答え
売り場
サポレジ
転換
中央のたくさん高値が集まっている
強力レジスタンスラインのサポート
転換は大相場につながりやすいので注目。
右側のようなレンジ相場では細かい
サポレジ転換が何度も起こりやすい
安値
高値
高値
安値
安値
高値
高値
高値
サポレジ
転換
買い場
サポレジ
転換
買い場

「トレンド」と「サポレジ」の関係を整理すると…

サポレジ転換には、**石橋を叩いて渡るような効果**があります。

「レジスタンスラインを突破したけど、ほんとうにこのまま上昇するのかな。今ひとつ、信用ならないから、これまでレジスタンスだったラインが今後、サポートに転換するか確かめにいこう」

という値動きがサポレジ転換です。

その結果、実際に過去のレジスタンスラインがサポートとして機能していることがわかると、投資家の間に「このラインは強い」という安心感が広がって、本格的な上昇が始まるというわけ。

過去に何度も攻守が転換したラインは「強い」と先ほど述べましたが、そういう意味では4時間足なら日足、30分足なら4時間足、15分足なら1時間足というように**上位の時間足にできたサポレジラインは小さな時間軸の値動きに強い影響**を与えます。

ダウ理論では、「トレンドは明確な反転サインが出るまで続く」というのがお約束になっていますが、4時間足のトレンドを止める力があるのは、それより上位の日足、週足のサポレジになります。

たとえば、4時間足できれいな上昇トレンドが続いていたとき、上値に日足チャートのサポレジ転換ラインがあった、とします。

その場合、上昇が続いているけど、「日足のサポレジにぶつかって、いったん下落するのでは？」、「その下落がサポレジ転換ひいてはトレンド転換につながる可能性もあるのでは？」と疑ってみましょう。

トレンドの節目、節目に登場する強いサポレジ、時間軸の長い上位足のサポレジを意識することで、「トレンドがこのまま継続するか」「反転するとしたらどのポイントか」などを判断することができるのです。

たかが1本の水平線とあなどってはいけません。

過去の高値・安値が不思議と同一線上に並んだ魔法の水平線は、トレンドに対しても絶大な威力をもっているのです。

サポレジを意識すると、「ムダな売買ポイント」が減る

FX初心者の方は、勝てば勝ったで「もっと儲かるかも」とトレード回数が増え、負ければ負けたで「畜生、負けたぶんを取り返してやる」とさらにトレードにのめりこみ、挙句の果てに、資金のすべてを失ってしまうことが多いものです。

サポレジ転換を意識したトレードを心がけると、**自然とトレード回数も減り、ポジポジ病やトレード依存症を克服**することができます。

なぜなら、サポレジ転換が起こる局面というのは**値動き全体の2割もない**からです。単純なレジスタンスやサポートのブレイクはかなり高い頻度で起こります。ただ、その多くは結局、上ヒゲや下ヒゲが抜けただけで終わるなど、ダマシになるケースも非常に多く、勝率は低くなります。

対して、これまでレジスタンスラインだったラインがサポートに転換するのかどうかを、わざわざ確かめにいくような動きは、環境認識に適した4時間足以上の長い時間軸のチャートではなかなか起こりません。

だからこそ、「トレードするのはサポレジ転換が起こったときだけ」というルールを厳守すると、**むだなトレードをする心配もなく、勝率の高いところだけを狙った取引ができる**ようになるんです。

FX歴15年の僕の経験則からいうと、FXの値動きにおける、

- 買いのゾーンは1割
- 売りのゾーンは1割
- 手出しできないゾーンは8割

ぐらい。値動きの実に8割は「取引を我慢して、待ったほうがいい局面」です。過去の高値・安値が位置していてサポートやレジスタンスになっている価格帯近辺の値動き以外は基本的に放置、無視です。

そうすると、**ダマシの多いレンジ相場内のちょっとした上下動はトレード対象にならない**ので、失敗する確率を減らすことができます。初心者の方はこのルールを守るだけでも、かなり勝率を上げることができますよ。

レンジ相場というのは投資家が上に行こうか下に行こうか迷っていて、

方向感の定まらない値動きです。そんなとき、為替レートが上がるか下がるかの確率は５割程度。

勝率５割だとバルサラの理論では破産まっしぐらです。

急騰や急落がどんどん続いている局面も悔しいですが、見送り。いつ、その急騰・急落が終わって反転するかわからない動きに乗ると、手ひどいしっぺ返しにあうリスクも高いので、僕の場合は様子見に徹します。

むろん、なにも考えずに便乗すれば大きく儲かる可能性もある場面なので、レンジブレイクしたあとの高値飛び乗りや安値追いという手法を否定するわけではありません。

ただ、これはもう好みの問題です。僕は石橋を叩いて渡る慎重派なので、**ひたすらサポレジ転換が起こるのを待ちます。**

するとどうなるか？　**図 42**の英ポンド円の４時間足チャートに示したように、かなりおおざっぱなものも含めてもサポレジ転換が起こっている個所は2019年８月22日から10月６日の約1.5ヵ月で５回ぐらいしかあ

図42　サポレジ転換が起こるまでトレードしないことの意義

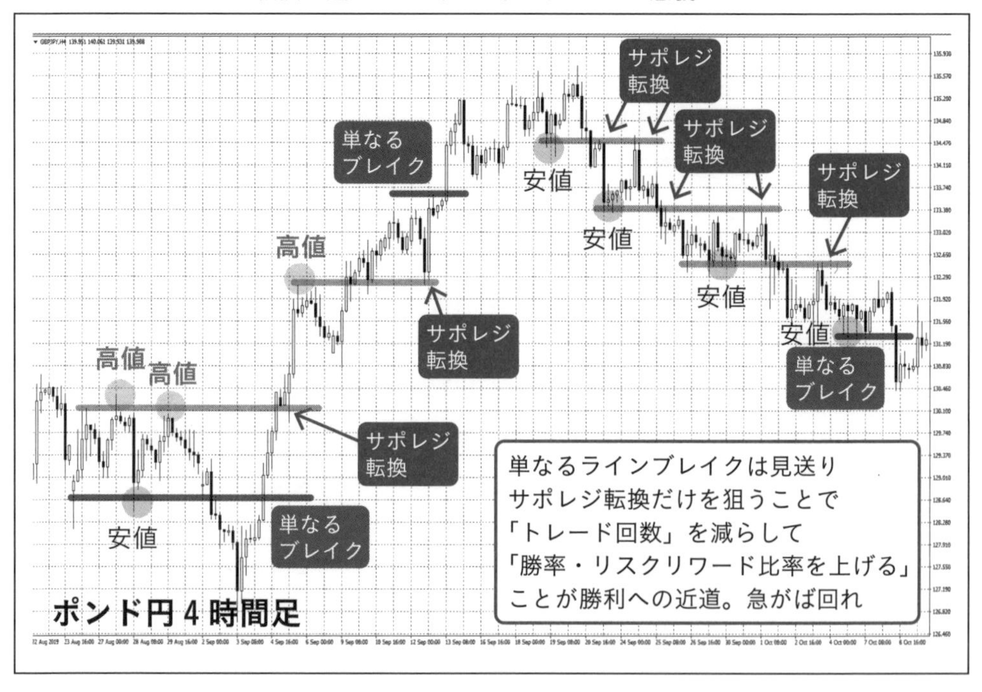

りません。単純にサポートラインやレジスタンスラインをブレイクしただけでは僕はエントリーしません。それ以外の時間は待ちです。

つまり、トレードルールを絞ると、エントリーする回数はかなり減るということ。とはいえ、僕は米ドルスイスフランとか米ドルカナダドルとか超マイナー通貨も含めて28通貨ペアを常時観察しているので、チャンスがない日もありますが、より多くの通貨ペアを観察してチャンスを増やすようにしています。

むろん、そのサポレジ転換がダマシで終わって負けることもあります。しかし、環境認識を丹念にしっかり行って、トレードルールを絞ると、自然と勝率もアップし、リスクリワードもよくなってきます。

トレードルールが絞り切れていないとブレてしまって、どこででもトレードできる状態になってしまいます。

そんなルーズでアバウトなトレードルールの先に待っているのは、コツコツ勝ってドカンと負けるFXの必敗パターン。それを避ける意味でも、**トレードルールの確立はとても重要**なのです。こんな僕だって、いろいろ失敗してきて、サポレジ転換だけにトレードを絞ることで、なんとか高勝率を維持できるようになったんです。**あなたにだってできます！**

勝っている人は絶対やってる「マルチタイムフレーム分析」

FXで勝つためにはまず相場分析をしっかりすること。そのためには、

- ダウ理論を使ったトレンドの把握
- サポレジ転換を使った勝負すべきポイント探し

が大切だということを説明してきました。

勝率を高めるという意味で、トレンド、サポレジと同じくらい大切なのが**「マルチタイムフレーム分析」**という考え方です。

トレードのスタイルにはスイングトレード、デイトレード、スキャルピング（「皮をはぐ」が語源とされる。数秒～10数分程度の非常に短い値動きを狙った超短期売買）などがあります。

それぞれ使う時間足が違ってきますが、

スイングトレード——月足、日足、4時間足

デイトレード———日足、1時間足、30分足

スキャルピング——15分足、5分足、1分足

という感じではないかと思います。

ただ、どの時間軸を見るかは人によって異なってきますし、それぞれ3つの時間足を挙げていますが、たとえばスイングトレードをする人は週足も見ると思います。

僕はデイトレードがメインになりますが、月足、週足も確認します。

トレンドやサポレジ転換探しは1時間足より4時間足で行うことが圧倒的に多いです。ただ、値動きの方向性をより正しく把握できるように、日足もよく見ますし、1時間足の確認も怠りません。

いずれにしても、マルチタイムフレーム分析とは、複数の時間軸をしっかり見て、大きな時間軸のトレンドと小さな時間軸のトレンドがそろったときだけ勝負しましょう、という教えです。

環境認識というのは、トレンドにせよ、サポレジにせよ、「勝てそうな場面でしか勝負しない」ためにあります。逆にいうと、「負ける可能性の高い場面では戦わない」ということです。

マルチタイムフレーム分析も「勝てる場面でしか勝負しない」ための相場分析法。為替レートの値動きは気まぐれでなかなか予測しづらいものですが、その大原則は**「小さな時間に起こる値動きは大きな時間の値動きに支配されている」**というものです。

デイトレードであれば、日足や4時間足チャートでまずは「大きな値動き」を把握したうえで、次に1時間足や30分足を見て、「その中で起こっている小さな値動き」を探ることになります。

そのとき、大きな時間軸と逆の方向にむかう値動きが小さな時間軸で起こっていても、その動きには乗らないこと。勝負すべきなのは、

「大きな時間軸と同じ方向に小さな時間軸の値動きも動いているとき」。

さらにいえば、

「大きな時間軸と逆方向に動いていた小さな時間軸の値動きが、大きな時間軸の方向性に戻っていく動きになったとき」こそが、もっとも勝率の高い取引ができる！

これがマルチタイムフレーム分析の考え方です。

環境認識の時間軸から「2つおとして」トレードする

「FXで勝つための極意は、小さな流れが大きな流れに合流するタイミングでトレードを仕掛けること」。

というわけですが、その合流ポイントを間違えると、早々に損切り決済という結果になりかねません。

マルチタイムフレーム分析は簡単なようで奥が深いんですが、僕が主宰するブログ「トレード大学」の生徒さんたちによくいっているのは、

「日足〜1時間足の大きい時間足でトレンド判断をしたら、その時間足から**2つおとした時間足**でトレードをしてみてください」

ということです。

同じ「今」でも、日足で見る今と4時間足で見る今、1時間足で見る今、30分足で見る今は全然違ってきます。

大きい時間の上位足がアップトレンドなのに、小さな時間の下位足を見るとダウントレンドやレンジになっていることは日常茶飯事です。

時間軸によって値動きがバラバラに見えるからこそ、マルチタイムフレーム分析をする意味があるのですが、そこで時間軸をおとしすぎると、

「上位足のトレンドに下位足のトレンドが合流するときに仕掛ける」

というタイミングをはかるのが難しくなります。

極端な例でいうと、月足がアップトレンドで1分足もアップトレンドのときを狙うといっても、それは、象の上を歩く蟻の動きを予想するようなものです。

1分足のアップトレンドが、はたして、月足のアップトレンドに影響を受けたものかどうか、判断できません。

かといって、時間足を大きくおとさないと、値動きの見え方にあまり違いが出ません。見え方が変わらないと、**複数の時間軸の値動きの差をとらえる、というマルチタイムフレーム分析のメリット**を発揮できません。

なので、2つおとすくらいが相場を攻略するのにちょうどいい、というのが僕の実感です。

参考までに右ページの**図 43**に、激しい値動きで有名な英ポンド円の月足、週足、日足、4時間足、30分足、5分足を並べてみました。

ポンド円の動向を言葉で示すと、

月足 ── 急激に下げたあと大底圏でレンジ相場が続く

週足 ── レンジ相場の下限から底打ち反転中

日足 ── 下げトレンドから反転して急上昇したものの、直近は足踏み状態

4 時間足 ── ダウントレンド後に急上昇して高値もち合い相場に移行

30 分足 ── かなり大きなレンジ相場の中間地点まで反転上昇中

5 分足 ── レンジ相場を上放れして急上昇中

という値動き（の差）になります。

大小6つの時間軸を比べてもかなりの違いがあることに気づきますよね。

スキャルピングに月足、週足は関係ないかもしれませんが、環境認識に使う日足、4時間足で見る限り、ポンド円は急激な上昇のあと、高値圏でレンジ相場を形成しているので、今は買いでも売りでもない、すなわち取引しないのがベター、という結論に達すると思います。

勝負するなら、日足の先っぽ、4時間足の右半分で確認できるレンジを上か下に抜けたところになります。

僕なら、4時間足でサポレジ転換が発生するのを待って、30分足チャートで、その方向にむかう強い値動きが確認できたところでエントリー。

その際の利益確定や損切りのライン設定には、30分足の直近高値や安値を使ったトレードをすることになるでしょう。

いずれにしても、**MT4のタブには「1分、5分、15分、30分、1時間、4時間、日、週、月」という9つの時間軸が用意**されています。2つ時間

図43 異なる時間軸を見比べるマルチタイムフレーム分析

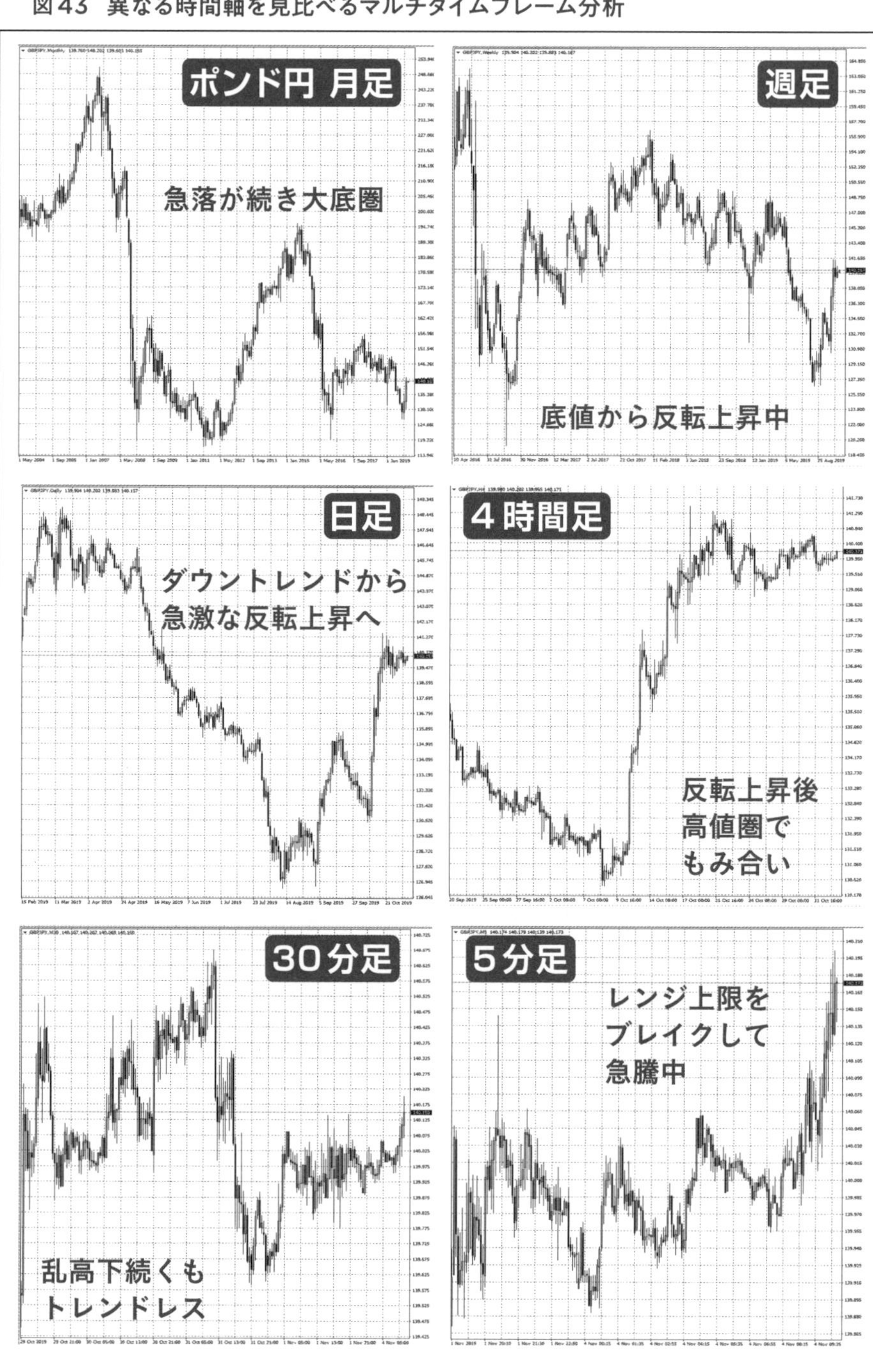

軸が違うだけで、通常、値動きの「パッと見」の印象が変わります。

大きな時間軸の流れに2つおとした小さな時間軸が合流する瞬間は**両方の動きがシンクロ**するのが特徴。そこがエントリーのタイミングです。

図44はポンドドルの4時間足チャートと30分足チャートです。

上昇を続けていた4時間足が高値を3回つけるトリプルトップを形成したあと、下落。途中の安値に引いたネックラインを割り込んだものの、Aの上ヒゲ陰線がいったんラインを上抜け。しかし、すぐに跳ね返されて、サポレジ転換が起こっています。

右の30分足では○で囲んだ部分が4時間足上にできた上ヒゲになります。その過程で、Bの陰線がラインを割り込んでサポレジ転換が完成した地点がショートエントリーのタイミングになります。

4時間足で確認したトレンド転換の動きを、より詳細な値動きがわかる30分足で拡大して観察することで、高見に立ってその値動きを見ることができる——これがマルチタイムフレーム分析のメリットです。

図44　4時間足でサポレジ転換→30分足でトレードの具体例

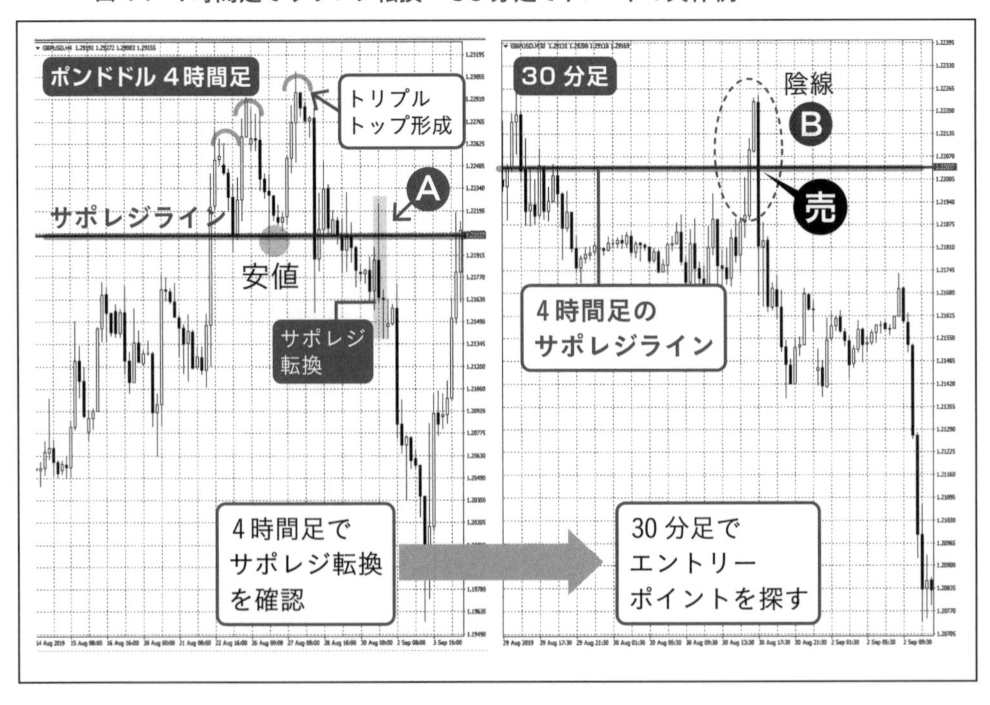

上昇の例も見てみましょう。**図45**は上昇トレンドが続くユーロドルが、レジスタンスだった前の高値ラインまで下がった「押し目」の局面です。

4時間足ではA、B、Cの3ヵ所でサポレジ転換が起こっています。

厳密にはAがサポレジ転換で、BとCは転換したサポートラインに支えられた反転上昇になります。その動きを30分足で拡大して見ると、A、Bに関しては4時間足のサポレジラインに接するか接しないかというところで反転上昇していて、そこがロングエントリーのチャンスになっています。

ただしCの場面は、米中通商交渉に関するニュースが出て、サポレジラインをいったん完全に割り込んでしまいましたが、その後、急激に反転上昇して、結果的にサポートラインが機能した形になっています。

変則ルールになりますが、30分足がサポレジラインを再度、上抜けた地点で買うと、その後の急騰で結果的には大きな利益を出せました。

ただし、僕は、経済指標やニュースで乱高下しているときは基本、トレードしないのでここはパスしていたと思います。

図45 アップトレンドのマルチタイムフレーム分析の具体例

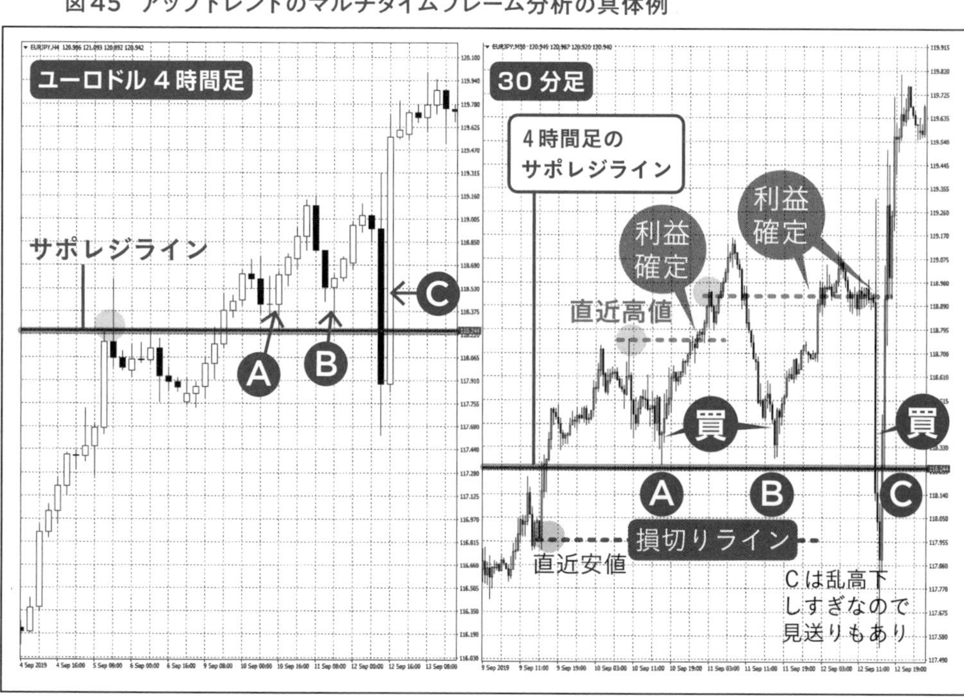

マルチタイムフレーム分析の「デメリット」も知っておこう

マルチタイムフレーム分析からトレードまでの手順を整理すると、

1 まずは日足や週足など長期足でトレンド確認

2 1時間足や4時間足といった中期足が長期足と同じ方向にむくのを待つ

3 15分足や30分足など短期足でエントリープランを立てて、条件がそろうのを待つ

という流れになります。

すでに長期足から短期足まで値動きが同じ方向でそろったことを確認しているので、短期足でのエントリーの基準は単純に「ローソク足が反転したら売り」でも「高値をブレイクしたら買い」でもかまいません。

長期足で確認したチャンスを、短期足の時間軸におとして実際のトレードにつなげる理由は、そのほうが**損切りの幅を狭く設定**できるメリットもあるからです。**損切りの値幅が小さければ、それだけ大きなポジション量をもてます。**また、損切り幅が小さくなることで、**利大損小のトレードができて、大きな利益を狙えます。**

ただし、マルチタイムフレーム分析にもデメリットがあるので、理解しておきましょう。

一番のデメリットは、取引すべきポイントがどこなのかが、短期足で見るとわかりづらくなることです。

「長期足、中期足で方向を定めて短期足でエントリーをする」

と書きましたが、実際にやってみると短期足の流れが変わったからといって、その流れが長期足や中期足の流れに沿ったものであるかどうかはわかりません。「短い時間は長い時間に支配されている」のは確かですが、**最初に大きな変化が起きるのは短い時間軸**です。大きな時間軸に比べて、15分足、30分足という短期足はかなりランダムに動くので、たとえ、それが長期足の方向に沿った流れだったとしても、単なる一時的なダマシに終わる可能性も高いのです。

極端な例でいうと、月足チャートが大底圏から反転上昇する流れを、1分足チャートでとらえることができたら、ものすごく小さな想定損失幅で巨大な利益を狙えますが、それがどれだけ難しいことかはわかると思います。

地図でいうと、「日本の3番地」というような目的地を教えられても、途中の地名が抜けすぎていて、全然わからない、という状態になりかねないのです。

それを防ぐため、「短すぎず、長すぎない、長期足より2つ下の時間軸で見る」というマイ・ルールを決めて僕はトレードしています。

それでもランダムな動きに惑わされて、エントリーのポイントがずれると、やはり負けやすくなります。

当然、短い時間軸で狭い損切り幅を設定しておけば、負けてもそれほどひどいことにはなりません。

しかし、より勝率を上げたいと思うなら、**長期、中期のトレンドがとてもわかりやすいところを狙うのがコツ**です。中長期のトレンドがしっかりしていれば、短期足の値動きもそれに沿ってわかりやすく動くもの。

先ほど紹介した図44のポンドドル、図45のユーロドルのように、時間軸が違うのに、**4時間足と30分足の動きがほぼ同じようにシンクロして見える**、というのが「わかりやすいかどうか」を判断する基準といえるかもしれません。

トレンドが微妙な相場では、4時間足と30分足の動きを見ても「えっ、これ、同じ通貨ペアの値動き？」と混乱してしまうこともあります。

レンジ相場など、トレンドレスな場面でトレードをしてしまうとトレード回数が増え、それに比例して、負ける回数も増えてしまいます。

勝率が上がると、なお、いいんですが、勝率に頼るとなかなか利益が伸びず、しんどい世界に陥ってしまいます。

いずれにせよ、蟻は自分自身で歩くより、象の上に乗ったほうが、数千倍の距離を移動することができます。たとえ話でいうと、それがマルチタイムフレーム分析の最大の魅力です。損失は限定したうえで利益を大きく伸ばしたい、と思っているなら、マルチタイムフレーム分析はFXトレードの必須アイテムといえるでしょう。

勝利の８割は「環境認識」と「トレードルール」で決まる

どんな生き物もそれに適した環境がないと生きていけません。

それと同じでどんな必勝法も、どんなトレードプランも、相場環境がそれに適したものでないと通用しません。

専業トレーダーになって、こつこつ15年かけて資産を構築し、すっかり毛のない頭になって思うのは（笑）、「**待つこと、トレードしないことが、どれほど大切か**」ということです。

自分の必勝パターンに適したトレンドなり値動きがくるまで、とにかくトレードしない。これが、FXで勝ち続けるためには必要不可欠です。

僕の場合、環境認識で一番重要視しているのはサポレジ転換です。

それまで値動きのサポート役だったラインが、レジスタンス役に一変して、買い手と売り手の力関係が逆転したところが来るまで徹底的に待つ。

FXというと、ほぼ24時間取引できて、大儲けできるチャンスが四六時中ある、といわれます。しかし、値動きの8割は「上でもない、下でもない、どっちに転ぶかまったくわからない」レンジ相場です。

残りの2割ぐらいの場面でしか、相場参加者が増え、取引量も膨らんで、値動きに勢いが出ることはありません。

その2割の「稼ぎどき」を知らせてくれるのが、攻守の切り替えが起こるサポレジ転換。トレードルールをきっちり決めて、そのルールがぴったり当てはまる場面でしか取引しないと、自然と勝率も上がり、リスクリワードのいい場面で取引できるようになります。

お金がかかっていると思うと妙に焦ってしまいます。「FXはゲーム」と割り切って、いかに楽しく攻略するか、という目で見ることも大切です。

なにごとも楽しめないと上達しない、それはFXトレードも同じです。

第4章

勝率87.5%「スナイプトレード」の奥義

サポレジ転換＋20MAタッチで「相場の転換点」を狙い撃ち！

高勝率がFXトレーダーを「急成長」させる理由

いよいよ、僕が15年かけて、ピカピカに磨きあげてきた**「負けないFX」**をご紹介します！

FXで成功するためには、**「許容損失率2%以下」という鉄の掟で損切り**を徹底しながら、**「勝率をなるべく上げる」×「リスクリワードをできる限り、よくする」**という2つの歯車を噛み合わせて「利益は大きく損失は小さく」という**利大損小**をキープし続ける以外ありません。

勝率かリスクリワードか、どっちが重要かというと、**初心者の方には勝率が大事**だと僕は思うんですね。

やはり、勝率が低いと「ほんとうにこのトレードルールでいいのか？」、不安になってしまうもの。そして、すぐにルールを変えてしまう。これでは勝てるものも勝てない失敗スパイラルにはまりこんでしまいます。

「このトレードルール、使えるじゃん、儲かるじゃん、オレも一人前になってきたな」と思えるためには、やはり負けが減って、勝ちの数が増えて、**成功体験をたくさん味わうことが大切**だと思います。

利益3：損失1のような利大損小トレードを虎視眈々と狙うのも全然ありですが、リスクリワードは1：1でも高勝率なトレードルールのほうが、成功体験を何度も積み重ねることができます。

そうすると、トレードに必要な自信や好奇心、やる気、トレードを楽しむ気持ちも生まれて、不思議とスキルが上達するもの。

勝利こそ成長の源、というわけですね。

さらにいうと、**トレードルールはシンプルなもののほうがいい**です。複雑すぎて、「あれ、このシグナル、買い？　それとも待ち？」なんて迷ってしまうようでは、誤差も大きくなってしまいます。

そこで、僕は、環境認識を行うとき、ダウ理論やサポレジ転換だけでなく、**「移動平均線」の力も利用**することで格段に勝率がアップするトレードルールを考案し、日々のトレードにフル活用しています。

移動平均線といえばテクニカル指標の中でも一番ポピュラーで、シンプルそのもの。5日とか20日とか、期間を設定して、その間の為替レートの終値の平均値を結んだ線が移動平均線ですが、当然、誰が見ても同じ線。

問題は平均値をとる期間ですが、土日を除いた1カ月間の営業日数に相当する「20」が世界標準の移動平均線の期間になっているので、それを使います。

移動平均線は、ある期間の終値の平均値ですから、右肩上がりなら終値の平均値が上がっているのでアップトレンド、下がっていればダウントレンドと判断できます。

また、移動平均線よりも為替レートが上にあれば、平均値以上に高くても買う投資家が多いのでアップトレンド。移動平均線より下にあれば、平均値以下の安値でも売りたい人がいるのでダウントレンド、というように、その**傾きと為替レートとの位置関係からトレンド判断**できます。

移動平均線は多くの投資家がトレード判断に使っているので、高値ラインや安値ライン同様、値動きに対してサポートやレジスタンスとして働きます。これまでサポート役だった移動平均線を割り込むと、今度はその移動平均線がレジスタンス役に早変わり、というサポレジ転換シグナルとしても使えます。

狙撃手気分で狙い打て！　笹田式スナイプトレード

第3章で紹介した過去の高値や安値が密集するラインを使ったサポレジ転換だけでなく、移動平均線が値動きに対してサポートやレジスタンスとして働いている場面だけを狙い撃ちにすることで、高勝率を目指す、というのが、僕が考案したトレードルールの肝になります。

鉄壁のディフェンスで防御力を最大限、高めたうえで、狙いすました標的を確実に仕留める——名づけて**「スナイプ（狙撃）トレード」**！

有能な狙撃手『ゴルゴ13』に比べると髪の毛はさびしいですが、僕はこの手法を使って、狙った値動きをピンポイントで「狙撃」することで、自己資産を年率20％で着実に増やしています。

サポレジ転換というのは「これまでレジスタンスだったラインがほんとうにサポートとして機能するか（あるいはその逆）」を投資家がまるで石橋を叩くように用心深く確認しにいく動きです。

単純な高値突破、安値割れのブレイクアウトではなく、いったん戻って投資家が「石橋（ライン）」を叩きにくるだけあって、そこから起こる値動きの転換はホンモノ。念には念をいれたポイントでエントリーできます。

しかも、サポレジ転換が過去の高値・安値ラインだけでなく、20本移動平均線でも起こる場面というのは、トレンドが転換したり再加速したりする初動段階に多くなります。まだトレンドが若く値動きにも勢いがあるので、ダマシを極力減らせます。限られた場面を待ち伏せして、確実に仕留める——それが「笹田式鉄壁スナイプトレード」の特徴です。

右の**図46**は、スナイプトレードを行うためのチャート設定です。

移動平均線（今後「MA（ムービングアベレージ）」と表記します）は、直近の終値に重きを置くことで、値動きの変化に素早く反応するだけでなく、より長期のトレンドも反映するように設計された**指数平滑移動平均線（EMA）・期間20の20EMA**を使います。

さらに、バンドの拡大（エクスパンション）と収縮（スクイーズ）などからトレンドの加速や失速がわかる**ボリンジャーバンド**も表示します。

ボリンジャーバンドのバンドは、統計学の標準偏差（受験勉強のときの「偏差値」のようなもの）の理論を使って、中央にある移動平均線から、値動きがどれだけばらついているかを示したものです。

中央の移動平均線は20に設定します。こちらは単純移動平均線（SMA）なので、チャート上には20EMAと**ボリンジャーバンドの中央線20SMA**という2つの移動平均線が表示されることになります。

同じ期間の、種類が異なるMA2本を描画することで、20MAが値動きに対してサポートやレジスタンスとして機能しているかどうかを、より複合的に、というか、おおざっぱに把握するのが、その狙いです。

1本じゃ頼りないけど、2本あれば、その間に挟まれたゾーンもとりあえず20MAのサポートやレジスタンスとして考えられるので、判断しやすくなるぞ、という考え方ですね。

たとえば図46だと①の地点でAのラインに対してサポレジ転換が起こっています（②も転換しているようにみえますが、①のほうがMAのサポートとボリン収束がからんでいるので、より強力）。ちょうどその地点で為替レートが20EMA、20SMAを相次いで上抜けているので、サポレジ転換&MA抜けのダブルチェックで「ロング（買い）だな」と判断できます。

ボリンジャーバンドはあくまで補助的にトレンドが加速しているか収束しているかを見るために使います。狙い目はバンドが収束から加速に向かうとき。なぜなら、スナイプトレードで狙うのは、トレンドが加速し続けている瞬間ではなく、いったん収束したトレンドが再加速したり転換する

図46　サポレジ&20MAに注目！　スナイプトレードのチャート設定

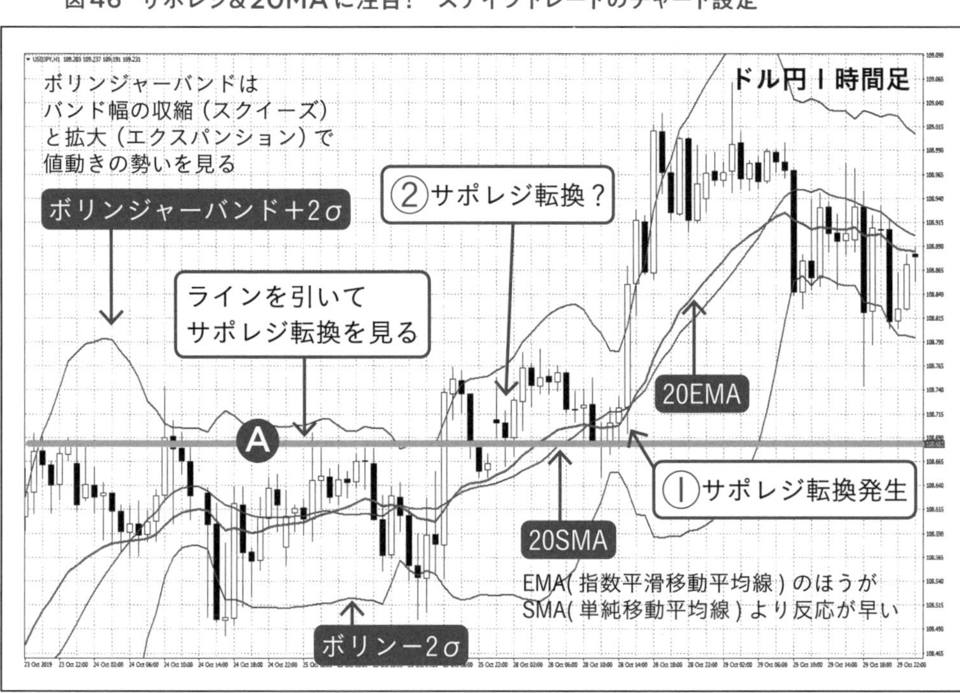

局面だから、です。勢いよくトレンドが続いている局面で飛び乗りできれば確かに大きな儲けにつながるかもしれませんが、反対方向に急激に動いて大きな損になるリスクも高まります。

そういったハイリスクでイチかバチかの勝率が低い場面はパスして、**トレンド転換やトレンドの再加速などの初動段階に乗ることで損失は限定しつつ、勝率を高めていく**——それがスナイプ（狙撃）のターゲットです。

スナイプトレードの具体的なルール

ルールはシンプルでわかりやすく！　が勝利の近道です。

笹田式スナイプトレードのルールをご説明しましょう。

使うチャートの時間軸は主に2つです。

日足、4時間足、1時間足のどれかで環境認識、すなわちトレンドとサポレジ転換を確認して、「ここだ！」と確信できるチャンスが来たら、環境認識した時間軸から2つ時間軸をおとしたチャートで、エントリーとエグジットのポイントを設定してトレードします。

もし日足で環境認識していれば実際のトレードは1時間足で、4時間足で環境認識なら30分足、1時間足で環境認識なら15分足が具体的な売買プランを立てる下位の時間軸になります。

僕自身は海外の機関投資家もかならず見ている、といわれる4時間足で環境認識して、その2つ下の30分足でトレードすることが多いです。

環境認識から実際の売買に移る手順は、

- ダウ理論や移動平均線を使ってトレンド分析
- トレンド方向もしくはトレンド転換しそうな方向にサポレジ転換が起こり、そこに2つの20MA（20EMAだけでも可）がサポートやレジスタンスとして絡んでいる場面が来るのを待つ
- サポレジ転換が20MAに絡む形で発生したら、短い時間軸のチャートに移行
- 長い時間軸でサポレジ転換が発生したラインを短い時間軸でも確認。

サポレジ転換が起こる前、短い時間軸が値動きしていたレンジ相場の上限・下限、直近高値・安値や移動平均線をブレイクしたところでエントリー（レンジや直近高値・安値は単純ブレイクでOK、移動平均線は終値ブレイクまで待つ）

- エントリーと同時に直近高値や安値などに利益確定・損切りラインを設定し、特に損切りに関しては厳守

たとえば、言葉にすると非常に長ったらしい説明になりますが、4時間足でアップトレンドが続いていたとき、これまでレンジスタンスとなっていた前回レンジの高値をローソク足が越えたものの、いったん下がってきて、高値ラインに上からタッチしたあと、ふたたび上昇に転じる動きが出るのを待つ。そのとき、20EMAや20SMAもローソク足をサポートする形になっていることも大切です（下の**図47**参照）。

図にもあるように、この2つの条件がそろったら、ロックオンした時間軸から2つおとした30分足でエントリーチャンスを狙います。

図47　時間軸をおとして取引！　スナイプトレードの手順

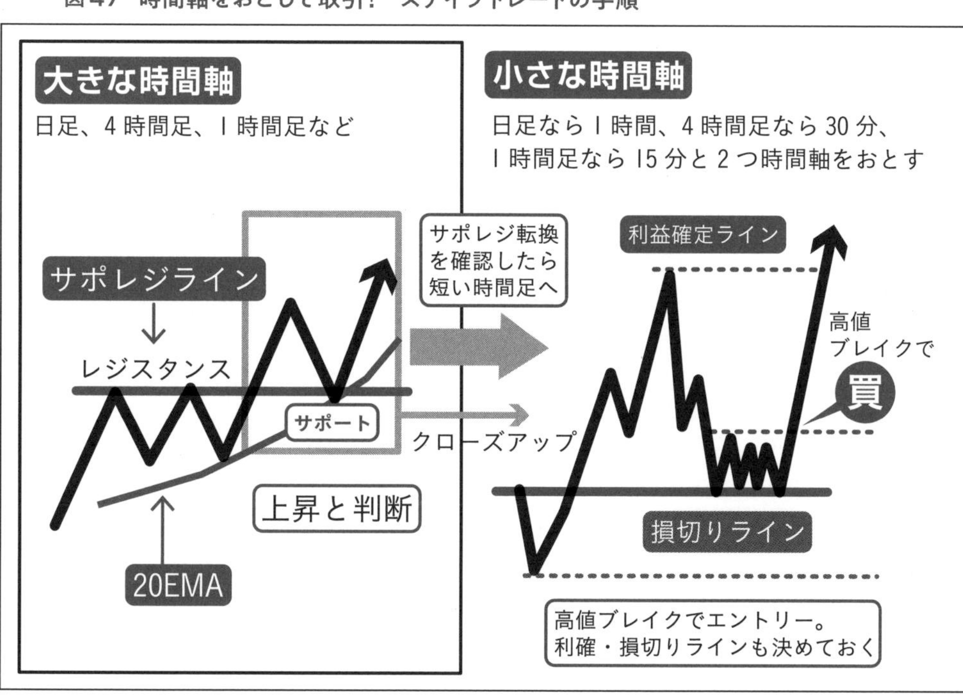

たとえば、30分足にある直近のレンジ相場の上限を越えたらロングエントリー。エントリーと同時に、直近最高値を利益確定ライン、直近安値を損切りラインに設定し、利確はともかく**損切りラインは厳守**します。

4時間足の環境認識では、単純な高値・安値ラインのブレイクではなく、石橋を叩くサポレジ転換が完成するまで待ちますが、30分足のエントリーポイントは、ロングの場合、直近の高値・安値、レンジ相場の上限などを単純にブレイクアウトしたところで買いを入れてかまいません。

30分足で重要な安値や高値が判断しづらい場合は、30分足の20EMAを終値でブレイクしたら、次のローソク足の始値からエントリーするなど、MA越え／割れで取引を始めるのもあり、です。

「トレンド転換」を狙う「スナイプ」の具体例

サポレジ転換の判断条件に、移動平均線を加えるのは、トレンドがどんどん加速している急騰・急落場面ではエントリーしたくないから。

急騰・急落局面は値動きが読みにくく、ちょっとした判断ミスで大きな損失につながることもあるので、「負けない」「高勝率」「鉄壁」を目指すスナイプトレードでは取引の対象外です。

MAは値動きの平均値ですから、為替レートが一方通行で急騰・急落する場面では、激しい値動きについていくことができず置いてけぼりになります。

ターゲットを、MAと為替レートがまだ遠く離れていない段階のサポレジ転換に絞ることで、トレンドが転換したり、再加速する場面だけを狙ったトレードが可能になるというわけ。

こうした場面にも当然、ダマシはありますが、値動きがそれほど急激ではないので、大きな損失をこうむる心配は少なくなります。

さらにトレンドの転換や再加速がホンモノだったら、大きな利益も狙うことができます。

損失を限定したうえで利益をなるべく伸ばすことで、高勝率だけでなく、自然と利大損小も狙えるようになる、それがスナイプトレードの目指す境地なんです。

言葉で説明するだけではわかりづらいので、僕が実際にトレードして成功した具体例で説明しましょう。

下の**図 48**はオージーフラン(豪ドルスイスフラン)の4時間足になります。まず、この4時間足で環境認識をするわけですが、図に示したようにオージーフランは急落後、長期的なレンジ相場を形成しています。

そして、直近の○で囲ったところで、レンジ相場上限のレジスタンスラインを為替レートが上にブレイクしたものの、いったん下落して、レジスタンスラインに戻ってくる値動きが起こっています。ちょうど20SMAと20EMAがレンジ上限のラインと重なって為替レートをサポートする形で機能しているので、「もし、ここでサポレジ転換が起こって上昇したら、2つの20MAのサポートもあるし、強い!」という判断ができます。

このあと、レジスタンスラインにサポートされて、ふたたび為替レート

図48 スナイプ① 大きな時間足でサポレジ転換を見つける!

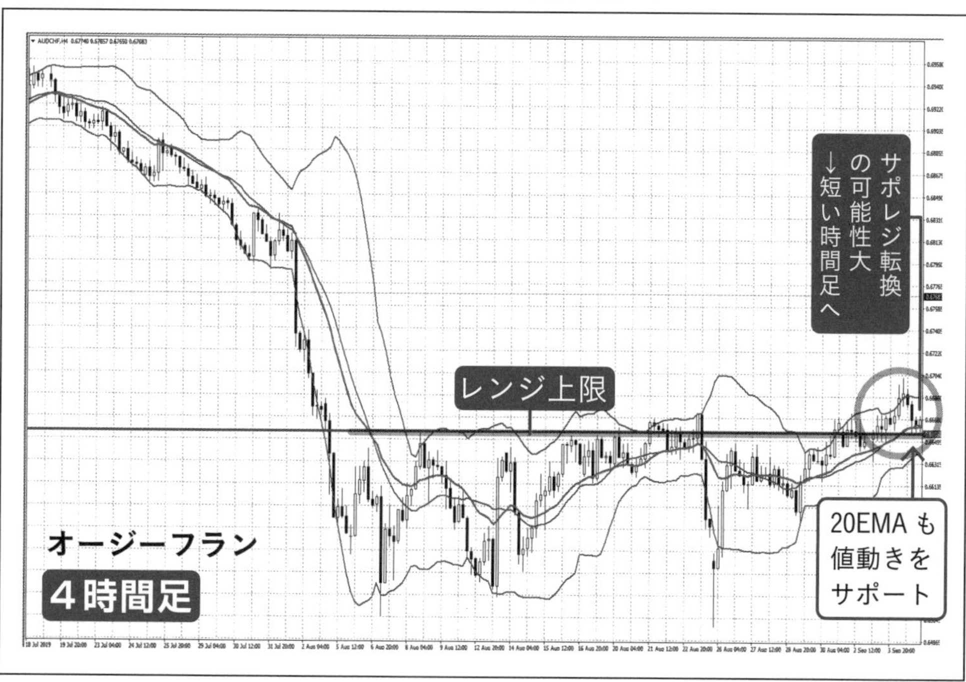

が上昇に転じたらサポレジ転換完成→エントリーという流れになります。

サポレジ転換の発生を狙うために僕は、毎日、計28通貨ペアの4時間足チャートを見て、チャート上にサポートやレジスタンスラインを引き、そのラインがブレイクされるかどうかを監視しています。

そして、実際にラインブレイクが起きたら、いったんラインに戻る動きが出て、サポレジ転換につながりそうかどうかをウォッチしています。

下の**図49**は、図48の4時間足チャートでサポレジ転換を確認したオージーフランの30分足チャートです。

30分足を見ると、4時間足のレンジ上限ラインを突破したオージーフランは突破後に下落調整しています。調整中、ダブルボトムを形成する動きになったので、そのネックラインを上抜けたらエントリー、と待ちかまえます。こちらは単純にAのポイントでネックラインの中間高値をブレイクしたらエントリーでOKです。

さすがに、4時間足でラインを越えて上がって、ラインまで下がってま

図49 スナイプ② 短い時間足で売買プランを立てる

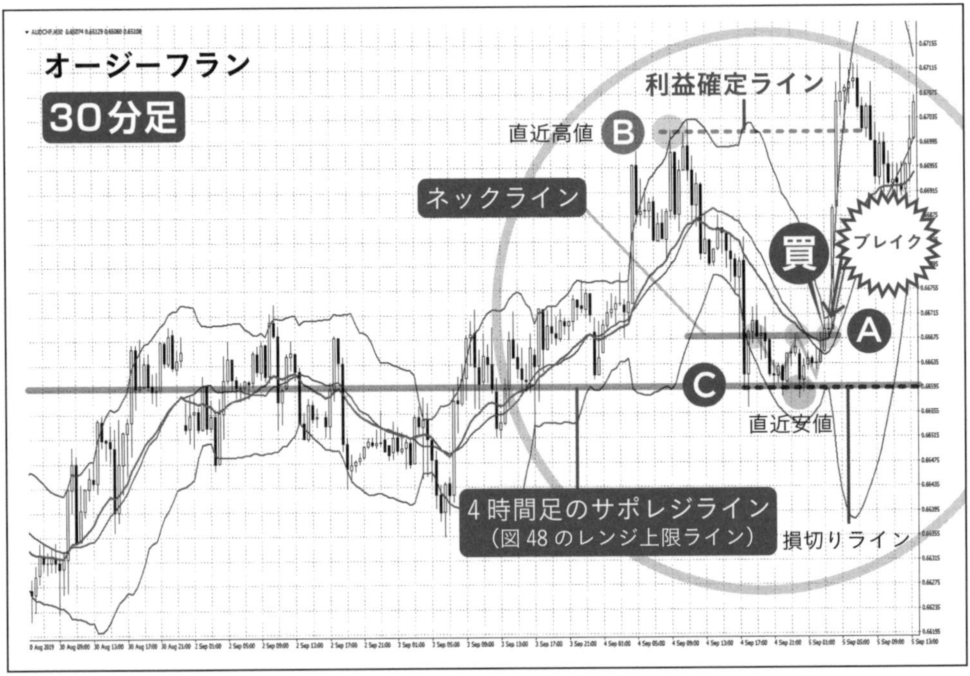

た上がる、というサポレジ転換を確認したうえで、30分足でもサポレジ転換が起こらないと買わない、となると、トレードチャンスは激減します。

4時間足という大きな時間軸で起こりそうなサポレジ転換が30分足のレンジブレイクにつながっているわけですから、素直にその勢いに乗ってロングエントリーで良しとしています。

たとえるなら、**獲物を狙うライフルのスコープを絞る**ことで、より的確にその動きをとらえるようなもの。獲物の全体像をとらえたあと、急所はどこかを探すスナイパーと同じように、4時間足から30分足へ、照準をおとしていくんです。

図49では、直近のレンジ相場上限を突破したAのポイントこそ、まさに4時間足上でサポレジ転換の大陽線が生まれる値動きの初動を、30分足チャートでとらえたもの。スナイプトレードにおける鉄壁のエントリーポイントになりました。急所すなわちAのポイントでロングエントリーしたら、同時にエグジットラインも設定。

図49の場合は、直近高値Bに到達したら利益確定、逆に直近安値Cも通る4時間足のサポレジ（レンジ上限）ラインまで下落したら容赦なく損切り、というのがエグジットプランになります。

前章で見たように、より小さな30分足という時間軸で利益確定や損切りポイントを設定することで、値幅自体が少なくなる分、50万通貨、100万通貨といった大きなポジションで勝負できるのも、スナイプトレードのメリットです。

「トレンドフォローの戻り売り」を狙う「スナイプ」

今、見た具体例は、ダウントレンド後のレンジ相場からアップトレンドへ移行する**トレンド転換を狙ったトレード**になります。

スナイプトレードのもうひとつのターゲットは、トレンドが小休止したあと、再加速する場面。いわゆる**トレンドフォローにおける押し目買いや戻り売りの局面**になります。

右の**図50**はダウントレンドが続くポンドドルの戻り売りを狙ったスナイプトレードの実戦例です。

トレードする際、僕はその通貨ペアの週足や日足チャートなど、長いスパンのトレンドもかならず見るようにしています。

図50のポンドドルでも最初に週足を見て、重要なサポレジライン①を割り込んだあと、いったん上昇に転じたAのゾーンに注目。この上昇がサポレジラインに阻まれて、反転下落したら週足ベース上のサポレジ転換完成で下落すると考えることができました。

そこで時間軸をいつもの4時間足チャートまでおとすと、実際、ポンドドルは週足上のサポレジライン①に何度もぶつかっては押し返され、いったん上抜けしたものの、Bのポイントで下落に転じています。

4時間足のBのポイントからさらに下落が続けば、週足上のサポレジ転換完成になりますが、週足サポレジライン①は4時間足上でも強い影響をもっていて、上昇を阻む壁になっているのは明らかです。

日足、4時間足、1時間足といった短期スパンの値動きにも、**週足チャートのサポレジラインって大きな影響力・支配力**をもっているものなんです!

4時間足でも週足のサポレジラインが強力なレジスタンスになっていることがわかったら、さらに時間軸を2つおとして30分足を見ます。

週足のサポレジライン①にぶつかって跳ね返された4時間足上のBのゾーンの値動きは点線の枠で示した部分になります。

この値動きは僕の大好きなチャートパターンのヘッドアンドショルダー。つまり、その中間安値（ネックラインC）を抜けたら下落が加速するはず、というのが僕の読みでした。そして、実際にネックラインCを抜けるのをじっくり待ってショートエントリー。

損切りはヘッドアンドショルダーの最高値がちょうど位置している週足のサポレジライン①、利益確定は直近のレンジ相場の下限Dに設定。

予想通り、ポンドドルはヘッドアンドショルダー完成もあってずるずると下落を開始。僕はDまで下落した時点で100万通貨のポジションを決済しました。その後も下落が続いていますが、それは結果論にすぎません。

図50　トレンド継続を狙ったスナイプトレードの具体例

実際、決済後の次の大陰線を拡大すると、決済ポイントを上回る長い上ヒゲが出現しています。この上ヒゲが伸びている時点では、過去のレンジ相場の下限ラインがサポート役になって上昇に転じる可能性もありました。

大きな時間軸の流れにしっかり乗った、一番確率の高そうな場面を短い時間足の中で欲張らずに少しだけ狙う。ピンポイントで狙撃するからこそ、100万通貨という大量Lotでの取引でもビビらないですむんです。

高確率で勝てて大負けしない「レンジ相場」のサポレジ転換

サポレジ転換の中には、それまでレンジ相場の下限（サポート）を割り込んだ値動きが、今度はその下限に頭を抑えられる形でふたたびレンジをつくるタイプもあります（**図51**）。

この場合、新たにできたレンジをさらに下にブレイクすると大きく下げやすく、高勝率の取引が可能です（図の左パターン）。

図51　サポレジ転換のあとレンジ相場になったときの売買法

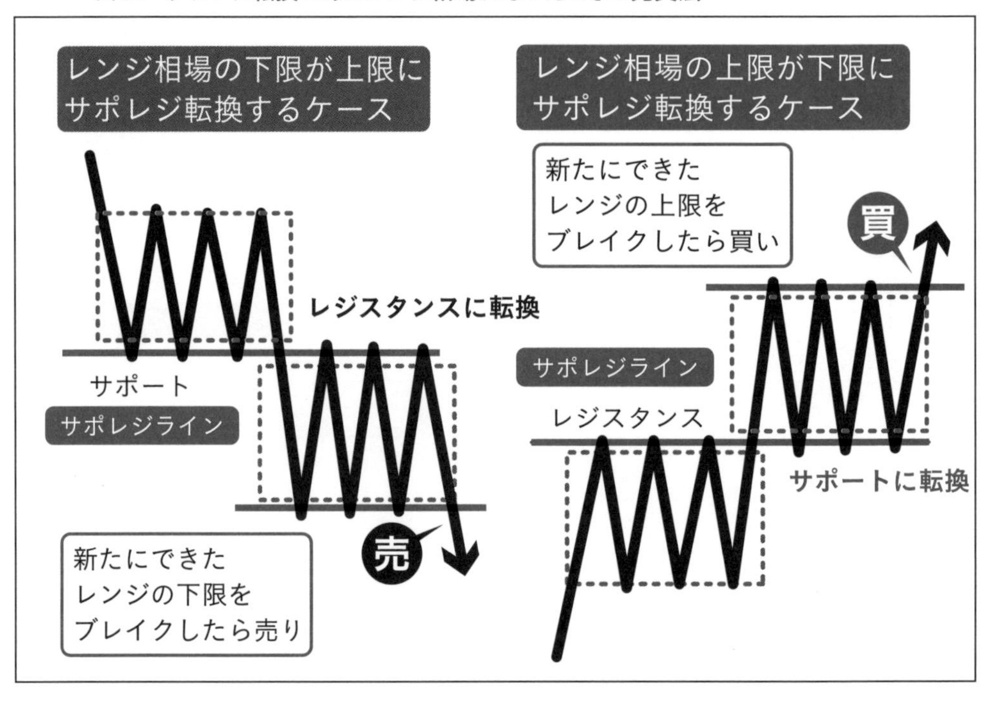

FXの値動きの8割はレンジ相場といわれています。

レンジ相場は値動きも小幅で、勢いもなく、どっちに転ぶかイチかバチかの面も多いので通常、僕はトレード対象にしていません。

ただ、レンジ相場が続いたあと、為替レートは上か下に大きく動きやすいもの。**「レンジブレイク」の動きにサポレジ転換も絡んでいる**と、非常に高勝率で、リスクリワードの高い取引ができるので、スナイプトレードの標的として積極的に狙っていきます。

図52はオージー円の4時間足チャートですが、急落したあと、長期間レンジ相場で推移しています。最初は乱高下が続いていた上下動の動きもだんだん煮詰まってきて、レンジ上限で横ばいが続いたあと、20MAを割り込んで、20EMA、SMAの下で、より小さなレンジをつくる動きになっています（点線の四角で囲んだAの部分）。

相変わらず小さなレンジの下限で止まっているものの、それまでサポート役だった20MAが今度はレジスタンス役になって上昇を阻む壁として

図52　サポレジ転換後、レンジ相場を形成して下落する具体例

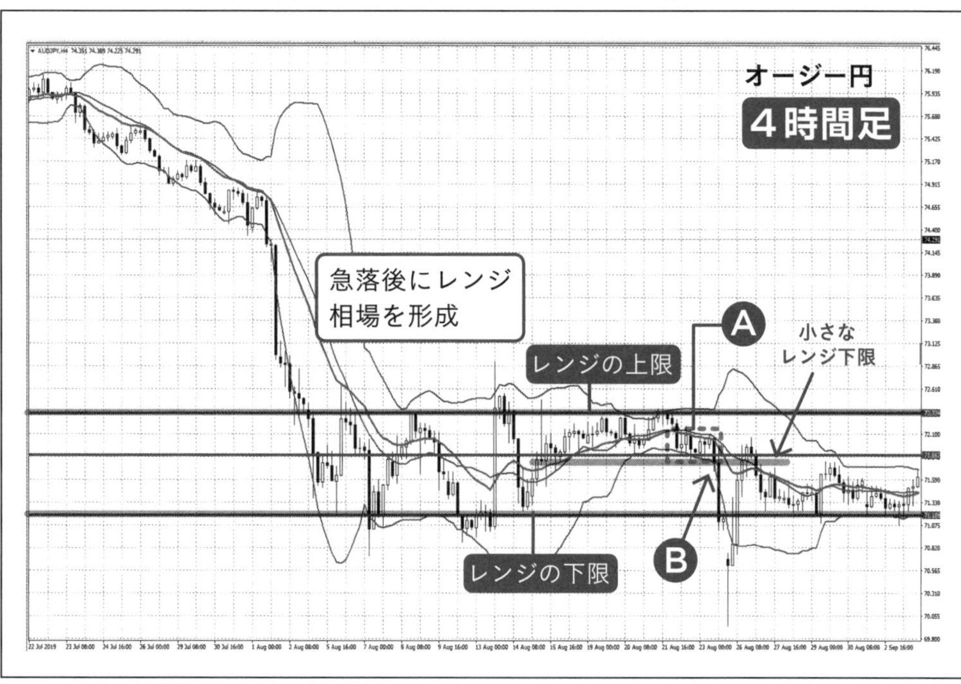

機能しています。めちゃくちゃ細かい値動きなのでわかりにくいかもしれませんが、これも**20MAに対するサポレジ転換**。ここから小さなレンジの下限を下にブレイクすると、大きな値動きになる可能性もある、と判断しました。図のBのポイントがレンジブレイクの場面になります。

図53は図52の拡大図です。レンジ相場の中の**「子どもレンジ」**とでもいいますか、同じレンジの上の部分と下の部分を分断するラインAがちょうど値動きに対するサポレジラインとして機能していて、Bのゾーンにできた子どもレンジの上昇を阻んでいます。しかも、Aのライン上には20MAも重なっていて、細かい値動きですが、相当強力そうです。

そこでBの子どもレンジの下限Cをローソク足の実体が陰線で割り込んだらショートエントリー。予想に反してAまで上昇したら損切り、安値が集まるラインDまで下落したら利益確定という売買プランで臨みました。

図を見てもわかるように、これまで非常に細かい値動きだったオージー円は大陰線でラインCを割り込むと、そこから下落が加速。いっきにD

図53 オージー円の拡大図・レンジ相場の中の「子どもレンジ」

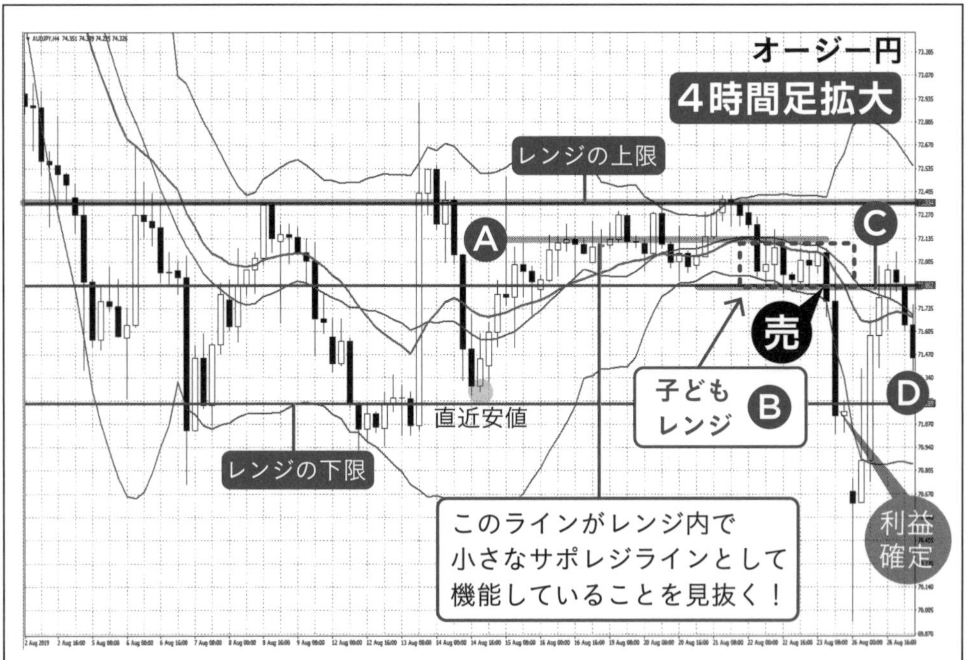

の直近安値ラインを大きく割り込んで急落し、利益確定に成功しました。

その後はふたたび急速に反転上昇して、レンジ相場に逆戻りしますが、このまま下げが加速して、ふたたびダウントレンド入りする可能性もありました。どんなトレンド相場も一方通行の流れはそうそう続かず、**「トレンド加速→レンジ相場→トレンド加速」**といった形で踊り場をつくりながら、トレンドが進むことが多いもの。そういうときにもこのレンジ相場内のサポレジ転換を使うと、レンジ相場後のトレンド加速が狙えます。

下の**図54**はユーロドルの1時間足チャートですが、ここにも大きなレンジの中に「子ども」のようにレンジAとBがあって、Aの下限がBの上限になるサポレジ転換が起こっています。

Bのレンジ内での上昇がレンジAの下限に頭を抑えられているところでは、右肩下がりの20MAもまた、レジスタンス役になっています。

この場合もBのレンジの下限をブレイクした陰線①でショートエントリー。レンジAの下限（＝レンジBの上限）を損切りラインに設定します。

図54　ユーロドルの拡大図・レンジ相場の中の「子どもレンジ」

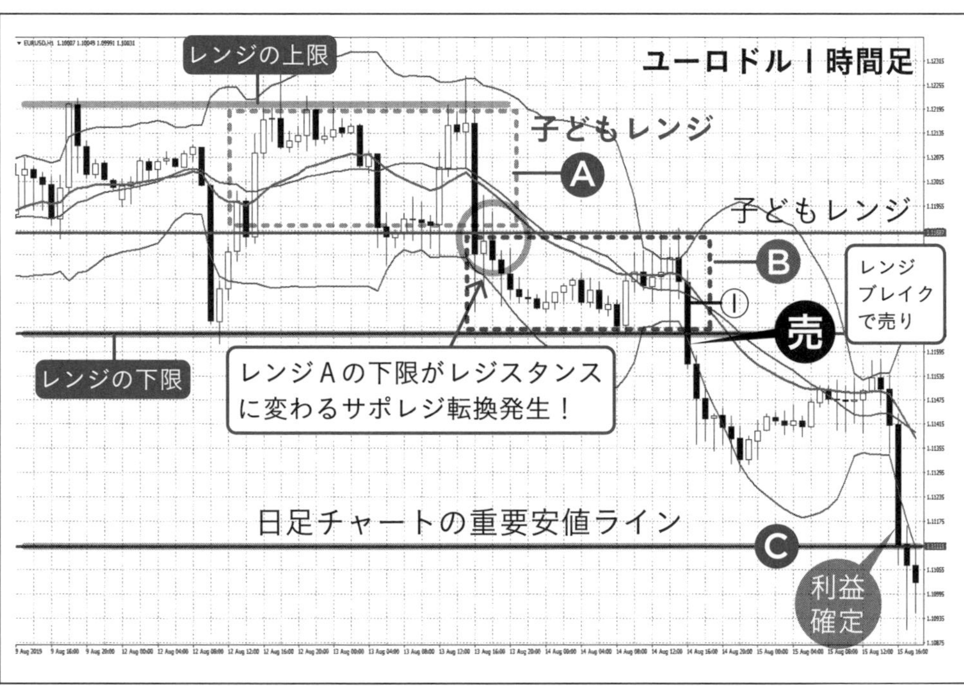

この手法のなにがいいかというと、細かいレンジの下限ブレイクで売って、上限まで戻ったら損切り、と損切りの値幅を狭く設定できること。

逆にレンジブレイクが起こったら大きな利益を狙えるのが、**「サポレジ・レンジ相場」**を狙ったスナイプトレードの大きな魅力なのです。

図54では日足チャートの重要な直近安値が位置していたCのラインで利益確定。リスクリワードがとてもいいトレードになりました。

「チャートパターン」も加えると勝率87.5%にアップ

むろん、どんなトレードルールにも100%はありません。

じゃあ、スナイプトレードの勝率はいったい、どれぐらいなのか？

「はじめに」で記したとおり、ドル円などメジャー通貨から米ドルカナダドルといったマイナー通貨まで、MT4で僕が常時監視している28の通貨ペアを対象に、2018年1月1日から2019年10月31日までの4時間足チャートをすべて調べてみました。

とても根気のいる作業でしたが、僕自身が「これは取引したい（すでに取引した）」と判断した「サポレジ転換+20MAタッチ」が登場したのは、全部で295回。

勝ちと判断できる値動きになったケース以外は負けにカウントすると、**勝敗は197勝98敗。勝率は66.7%**という結果になりました。

中には日本時間の深夜にシグナルが発生していて、トレードするのが難しいケースも含まれますが、**トレードチャンスは月13回ほど**になります。

これだけでも十分に高い勝率ですが、もっと高確率で効率よく資金を増やす方法はないか？

日夜考え抜いて編み出したのが、スナイプトレードのエントリートリガーに**「チャートパターン完成」という条件**をさらに加えたもの。それが「はじめに」で触れた**「S（スーパー）スナイプ」**と名づけたトレードルールです。

右の**図55**に紹介しましたが、チャートパターンというのは、チャート上に出現した値動きの形で、「この形状の値動きになると相場が反転したり、

図55　チャートパターンとサポレジ転換の組み合わせ

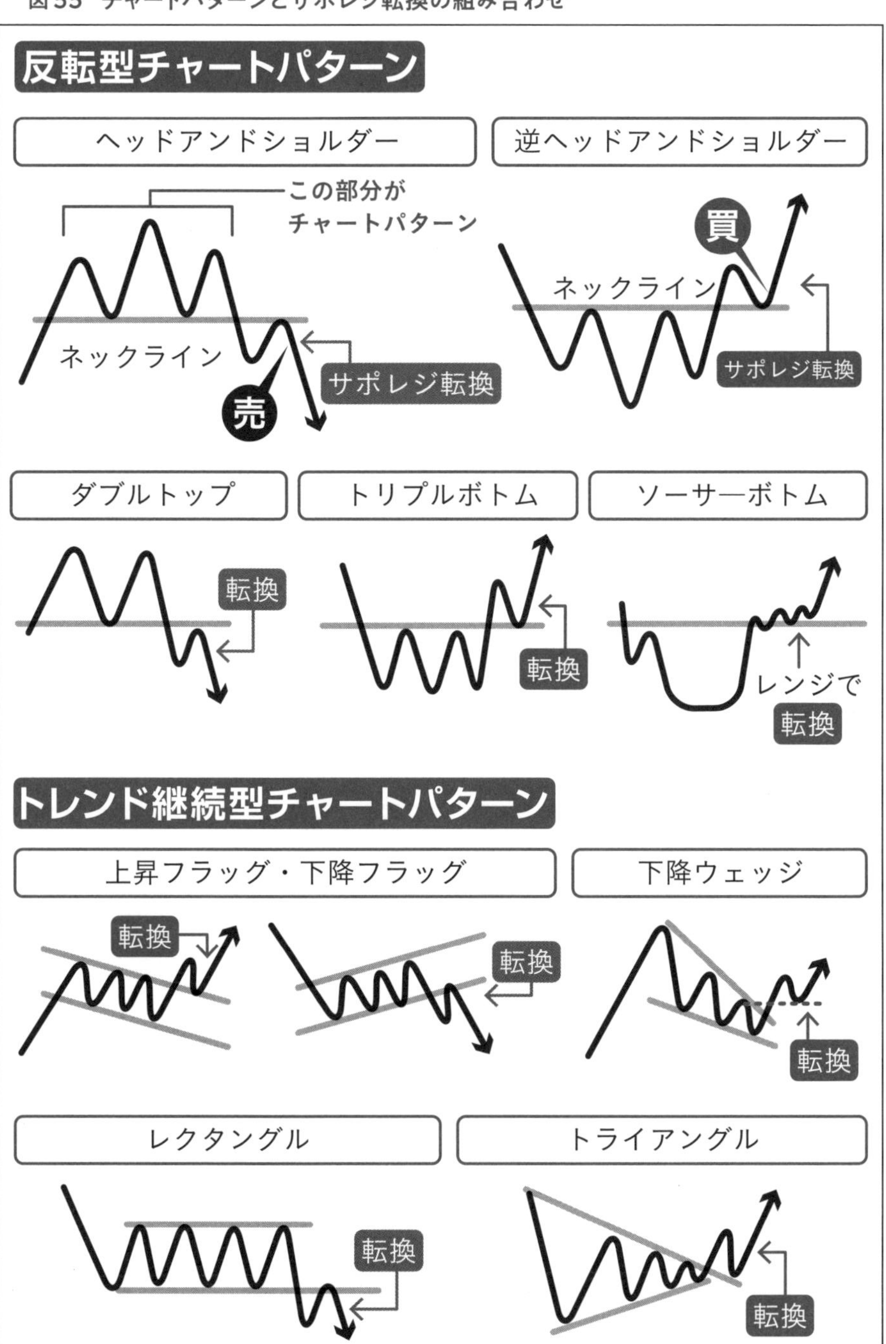

トレンドが加速しやすい」といわれるシグナルです。

チャートパターンには**相場反転型**と、**トレンド継続型**の2パターンがあります。相場反転型の代表選手は**「ヘッドアンドショルダー」「ダブルトップ（ボトム）」**、継続型には**「フラッグ（旗）」「ウェッジ（くさび）」**のほか、日本語で「三角もち合い」といわれる「トライアングル（三角形）」「レクタングル（長方形）」などもあります。

前ページの図55にはさまざまなチャートパターン完成からサポレジ転換が起こってSスナイプトレードのエントリーシグナルが点灯するまでの値動きを示しました。

ローソク足は、投資家が実際に巨額のお金をやり取りしてつくった生々しい痕跡です。そんなローソク足がある種の幾何学模様（きかがくもよう）を描いて動くのがチャートパターン。当然、世界中の投資家が注目するので、シグナル通りの値動きをすることが多くなります。

ヘッドアンドショルダー完成後の「サポレジ転換」を狙え！

たとえば、相場の天井圏でヘッドアンドショルダーが形成され、中間安値（ネックライン）を割り込んで下落したあと、いったん上昇したもののネックラインに跳ね返される動き＝サポレジ転換が起きると、そのトレンド転換はホンモノといえます。

単純なネックライン割れ以上に高確率でトレンド転換することが多く、Sスナイプトレードにとっても最大の狙い目になります。

論より証拠。右ページの**図56**はユーロポンドの4時間足です。

図の中央部分まで上昇が続いたユーロポンドは、小さな山A、大きな山Bとその後にまた小さな山Cと、相場の天井圏で3つの高値をつけたあと、中間安値（ネックライン）Dを割り込んで、非常に大きなヘッドアンドショルダーが完成しています。

これだけ壮大なヘッショルの場合、ネックラインDを割り込んで一直線にダウントレンドに転換するケースも多いですが、このケースでは安値

Eまで下がったあと、ふたたびネックラインDを試すような上昇に転じています。

ネックラインDの近辺には過去、アップトレンドが続いていたときにつけた重要な安値も通っていて、いったんラインを割り込んだ以上、ネックラインDが今後は強力なレジスタンスラインに転換することが予想されました。

そんな中、図の一番最先端のEの地点で上ヒゲがとても長い陰線①が出現。ネックラインDの突破にトライしたものの、売り手の反撃にあって、押し戻された形です。この上ヒゲ①こそ、ヘッドアンドショルダー完成後にサポレジ転換が発生する前兆シグナルになっています。

さらに移動平均線に注目すると、20EMA、SMAも再上昇を阻む壁としてきれいに機能しています。つまり、

「チャートパターン完成＋サポレジ転換＋ 20MAタッチ」

という3つのエントリートリガーが出そろった形になりました。

図56　ヘッドアンドショルダー+サポレジ転換のSスナイプ・具体例

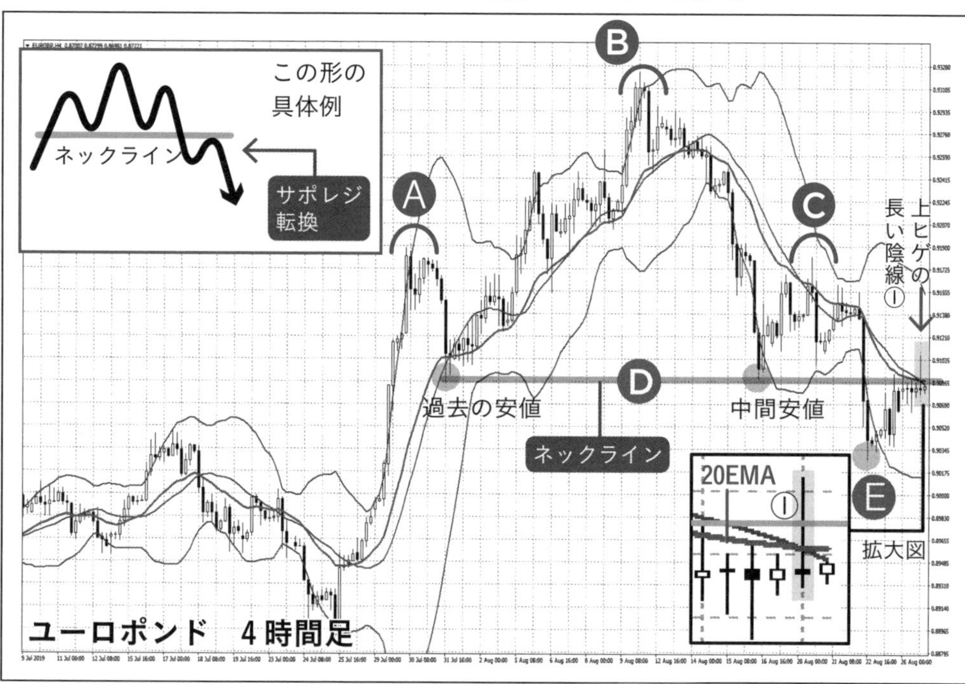

そこで上ヒゲ陰線①が出たところで時間軸を２つおとして、30分足チャートでエントリープランを立てます（**図 57**）。

図の○印で囲んだところが、4時間足でつけた上ヒゲ陰線①の上ヒゲ部分の値動きになります。

この上ヒゲでサポレジラインAにはじかれたあと、しばらくレンジ相場が続きました。実際に僕がショートエントリーしたのは、そのレンジの下限ラインBを割り込んだCのポイントです。損切りラインは4時間足のヘッショル・ネックラインが通っているAのライン、利益確定はネックラインを割り込んだあとにつけた最安値Dのラインに設定しました。

僕の予想通り、ラインBを割り込んだあとはほぼ一直線で安値Dに到達し、1ユーロ0.9076ポンドから0.9028ポンドまで約50pipsの下げを利益にできました。その後、30分足上ではふたたび急騰していますが、結局、画面の一番右の大陽線→大陰線の動きでも、ラインAを完全に突破することはできず下げが加速。図にはないですが、ユーロポンドは急激なダウン

図57　Sスナイプトレードの売買プラン作成・具体例

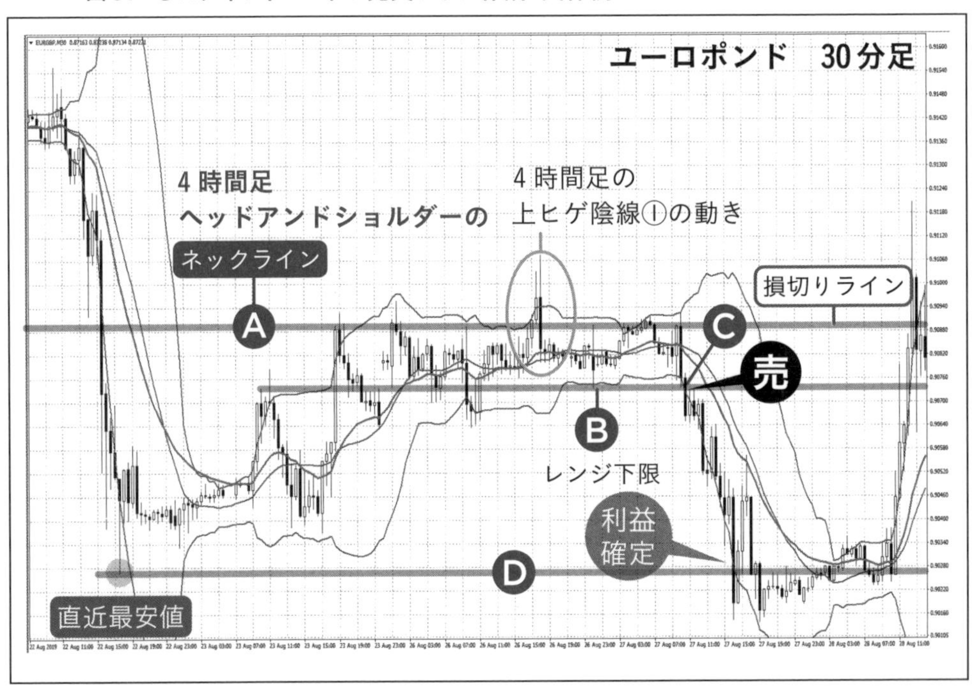

トレンドに突入しました。

単純なサポレジ転換や20MAタッチだけでなく、ヘッドアンドショルダー完成という明確なダウントレンドへの転換サインが出ているので、ここは安心して100万通貨、200万通貨の大勝負ができる場面でした。

「Sスナイプ」でラクラク資産倍増した実例

スナイプトレードを「ヒット」とするなら、チャートパターンの完成をエントリーの条件に加えたSスナイプトレードは「ホームラン」です。

それぐらい僕は自信をもって、「チャートパターン完成＋サポレジ転換＋20MAタッチ」の3シグナル完成でエントリー＆利益確定を繰り返しています。

その勝率はというと、先ほど検証した28通貨ペアの4時間足（2018年1月1日から19年10月31日までの22カ月間）ではなんと**87.5%！**

チャートパターンが完成したかどうかは、チャートを見る人の主観的な印象にも影響されますが、「これは誰が見ても明らか」というケースだけを厳選すると、28通貨ペアの4時間足で**22カ月の間にたった24回**しかシグナルが発生していませんでした。

つまり、発生頻度が「月に1回」程度と非常に少ないのが欠点ですが、**24回中の戦績は21勝3敗**と「負けないFX」のトレードターゲットとしては超・理想的な好成績といえます。

トレード回数に関しても、トレード中毒になるのがFX地獄で破滅する最短の近道である以上、月イチ程度でも日々、観察を怠らないで見逃すことがなければ十分です。

なにより勝率87.5%というのは大きい！

これだけ勝率が高いと、通常は50万～100万通貨で勝負しているところを200万、300万通貨までポジション総額を上げて、爆利を狙うことができます。

「トレード大学」の生徒さんの中には10万～100万円と元手の乏しい人

もいます。そんな少額投資家でも、勝率9割に近いSスナイプトレードに限っては、損失許容率を10～15%とかなり高めに設定したハイリスクトレードができます。

「はじめに」で記したとおり、実際、僕の生徒さんの中には、Sスナイプだけに絞った月イチトレードを100万円の元手で始めて、年間成績プラス100万円以上、つまり資産倍増に成功した人もいます。

「逆ヘッドアンドショルダー」からの「Sスナイプ」・実戦例

図58は、形の崩れた逆ヘッドアンドショルダーからのサポレジ転換例です。上昇トレンドが続いていた英ポンドカナダドルの4時間足がいったん急落。安値を3度つける形で反転上昇しています。

下ヒゲ陰線①で最安値をつけたあと、②の上ヒゲの長い陽線でいったん上昇したものの、押し戻されているので、笹田的にはこれも逆ヘッドアン

図58　逆ヘッドアンドショルダーからのSスナイプ環境認識

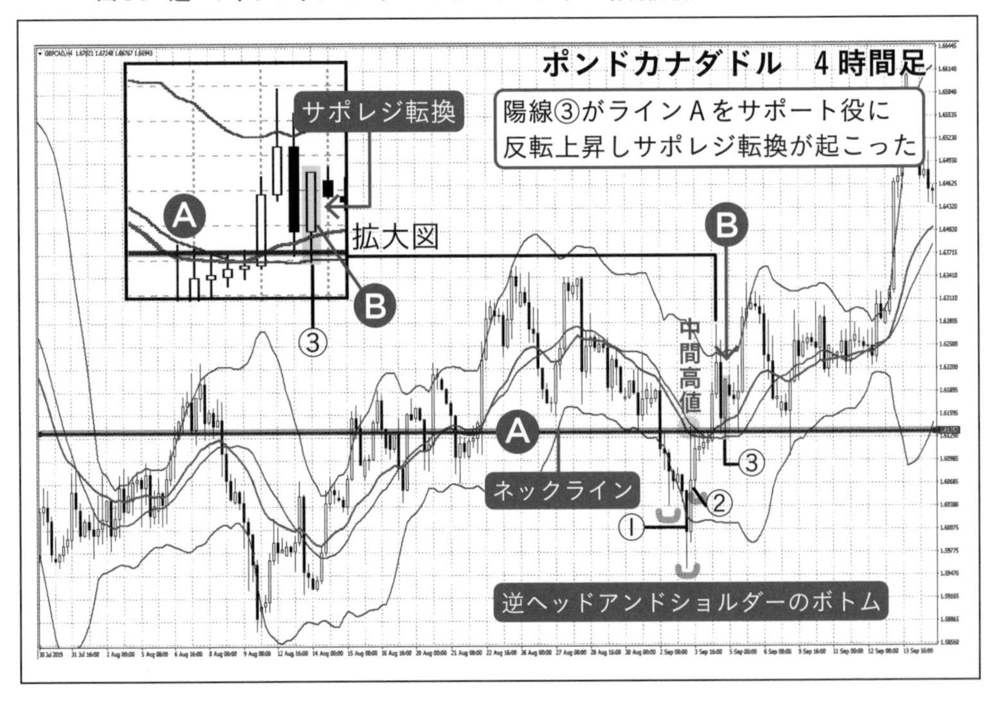

ドショルダーと見なして、実際にトレードしました。

上ヒゲ陽線②の高値がネックラインになりますが、この価格帯には過去の安値やもみ合いゾーンが集まっていて、重要なサポレジラインになっています。図ではラインAを突破して逆ヘッドアンドショルダー完成後、いったん大陰線が出て下落。Bのポイントの下ヒゲ陽線③はラインAを割り込んでしまいましたが、すぐに反転上昇して、サポレジ転換が起こっています。そこで30分足チャートに移行して、エントリーポイントを探しました（下の図 **59**）。

30分足で見ると、4時間足チャートのネックラインAを上抜けたあと、ラインAが下落を阻むサポート役に転換しているのが明らかです。

そこで、ラインA上で安値を2度つけたダブルボトムのネックラインBを突破したところでロングエントリー。

損切りはラインA、利益確定は4時間足にある重要な直近高値に設定。むろん、30分足上の直近高値のラインCで利確してもかまいません。

図59　逆ヘッドアンドショルダー＋サポレジ転換の売買プラン

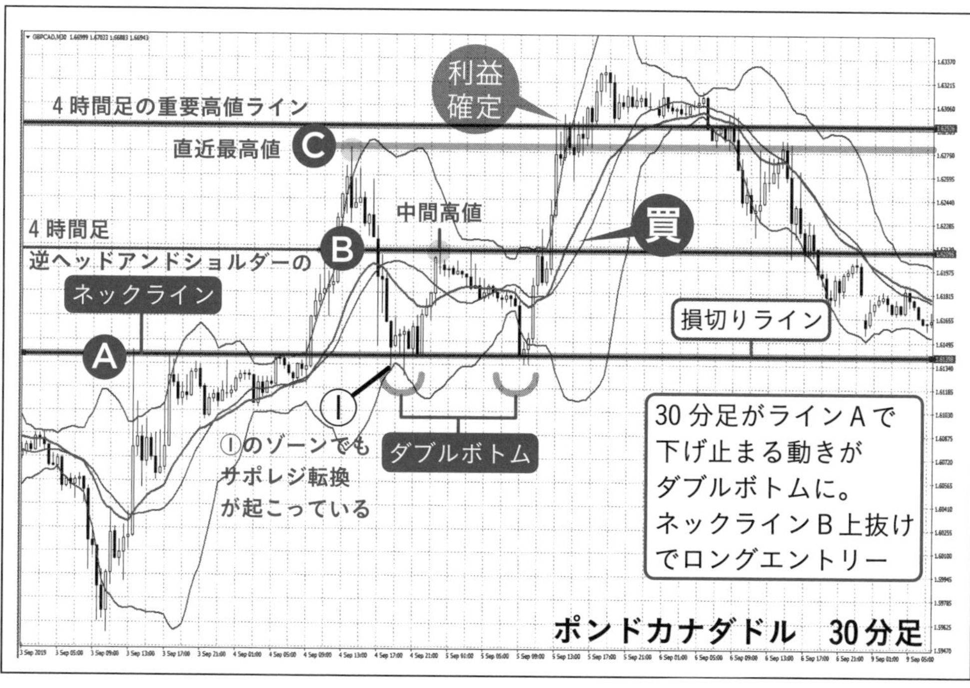

このポンドカナダドルの場合、30分足でもチャートパターン「ダブルボトム」が絡んでいたので、かなり伸びると判断して、4時間足の重要高値に到達するまで利益確定を待ちました。それほど確信がもてない場合は、直近高値Cのラインで利益確定するプランでもかまいません。

また図59ではラインAを突破したあと、下落したものの再度、上昇に転じた①のポイントが最初に起こったサポレジ転換です。

もし、この場面からウォッチしていた場合、①でロングエントリーして上昇モードが失速したところで見切り売りするトレードもできました。

サポレジ転換したラインAが値動きに対してサポート役として機能する限り、何度もトレードして利益を積み上げていくことも大切です。

なんといっても、28の通貨ペアを見ていても、月に1度起こればいいレアなエントリートリガーです。チャンスが巡ってきたら、なるべく大きく稼ぐ努力をするのが、利大損小を目指すための心得になります。

ただし、サポレジ転換したのに勢いよく上昇せず、失速を繰り返すのは、その転換が弱い証拠にもなります。**サポレジ転換発生も3度目、4度目以降になるとダマシも多発するので見送りで臨むのが賢明**です。

「フィボナッチ」を使った「スナイプ」の利益確定法

「大きい時間から小さい時間におりる」というマルチタイムフレーム分析の教えにのっとったトレードが笹田式「鉄壁FX」の特徴です。

大きな時間足で売買チャンスを見つけて（環境認識）、小さな時間で具体的なトレードプランを立てるとき、**「フィボナッチリトレースメント」**を使って利益確定・損切りポイントを決めることも多いので、ここで少し紹介しておきましょう。

中世イタリアの数学者の名前からとった「フィボナッチリトレースメント」は、為替レートの値動きの中に潜む**黄金比率**を計算するためのものです。**1:1.618とか0.618:1**で示される黄金比率は、台風の目やカタツムリや巻き貝の殻、人間の体の形成のされ方などにもよく登場する比率で、自然界の摂理や人間の美意識の基準になるといわれています。

投資家の欲望やカネ勘定によって生まれた為替レートの値動きも、人間の審美眼が影響するのか、黄金比率の影響を受けやすいといわれています。

フィボナッチでよく出てくる比率は、

38.2、61.8（最も重要）、50（半値戻しという意味で重要）、23.6、76.3、78.6 など。こうした特定の比率で、値動きが不思議と下げ止まったり、上げ渋ったりすることがしばしば起こります。

フィボナッチリトレースメントがよく使われるのは「この安値から高値まで上昇したけれど、ここからどれぐらい押す（下落）か？」、「この値幅間を下落したけど、ここからどれだけ戻す（上昇）可能性があるか？」という値動きの調整幅、押しや戻しの目安を割り出すときです。

FXで勝つためには大きな流れを高見に立って把握したうえで、細かい値動きを攻めていくことが必要です。

その際、フィボナッチリトレースメントを使って**「ここで相場が反転しそう」という節目の位置**を測っておけば、今後の値動きのシナリオを立てやすくなり、大局観や俯瞰的視線をもった取引ができます。

「ここでエントリーしたけど、じゃあ、どこで利食い／損切りするの？」という決済ポイント探しにも超便利。フィボナッチリトレースメントは「このラインをブレイクしたらどこまで伸びるか」というブレイクアウトの目標レート設定にも使えるんです！

そこで、僕がとっても重要視しているのが、「-61.8」「-100」「-161.8」といった、マイナスのフィボナッチ比率です。直近の安値から高値まで上昇してきた為替レートがさらに上昇を続ける場合、どこまで伸びるか？

もし、そこに適当な過去の高値や安値が見つからない場合、上昇がどこまで続くか、目印や拠りどころになるものがありません。

そんなとき、エントリーポイントを0、損切りポイントを100にしてフィボナッチリトレースメントを行ない、「-61.8」のラインを当面の利確目標にすると、かなり適切なポイントで利益確定できます。

ちなみにフィボナッチリトレースメントは、上昇局面では安値から高値方向に、下落局面では高値から安値方向に向かって引きます。

下の**図60**は先ほどの図59で見たポンドカナダドルの30分足チャートですが、エントリーしたダブルボトムのネックラインBを0、損切りラインに設定した4時間足のサポレジ転換ラインAを100にしてフィボナッチリトレースメントを行うと、その後につけた最高値がちょうど「-161.8」のラインにぴったり重なっています。

僕が実際に利益確定した直近高値の上ヒゲラインはほぼ「-100」のライン上に位置していました。たまたま前に使ったチャートで試しにやってみたら、ここまでばっちり重なっていて、自分でもびっくりしています。

FXの値動きもしょせんは人間の営み。フィボナッチが教えてくれる比率にかなり沿った動きをするものなんです。

MT4のフィボナッチのデフォルトにはマイナスの比率は入っていません。「チャート」→「表示中のライン等リスト」の「FIBO」を右クリックすると、フィボナッチ・レベルに新たな比率をつけ加えたり、「説明」

図60　フッボナッチリトレースメントの「-61.8」「-161.8」に注目

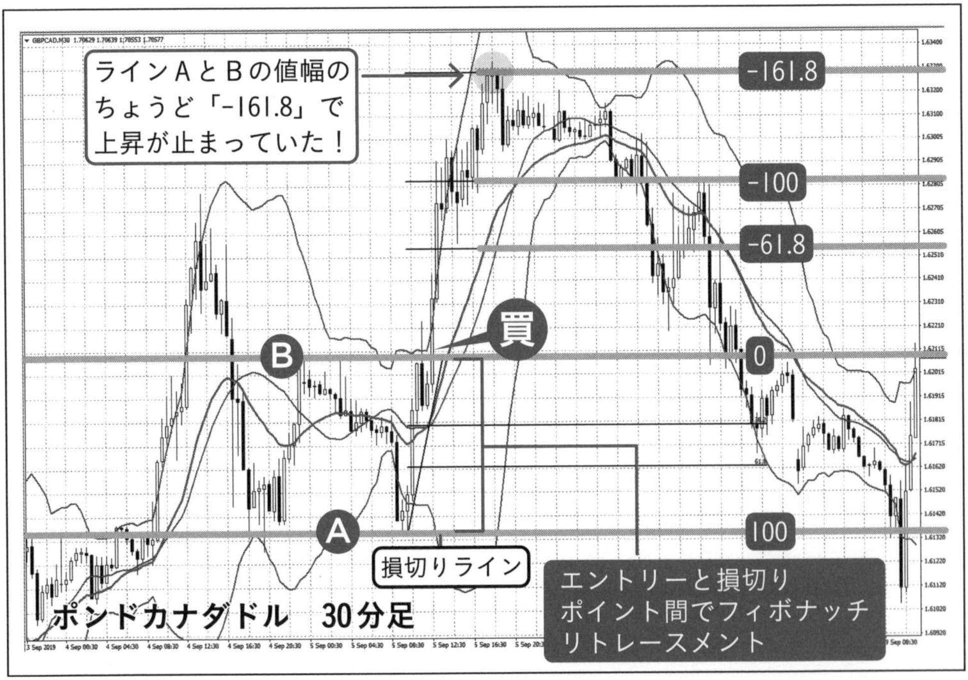

欄に「% $」の文字を入れて「その比率の為替レートがいくらか」を表示できるので、ぜひ使ってみてください。

「フィボナッチ」を使った「Sスナイプ」の売買プラン・具体例

フィボナッチリトレースメントを使った売買プランの立て方をもう1例、紹介します。**図 61**はポンドドルの4時間足ですが、画面右側の高値圏で過去に何度も上昇を止めたラインAがふたたび、Bのポイントでレジスタンスラインとして機能しています。高値圏全体の値動きがトリプルトップのような形。そのあと、Bのポイントが3番目の高値になって、かなりきれいなヘッドアンドショルダーが完成しています。

図 61のBのポイント前後を30分足チャートで表示したのが、次のページの**図 62**になります。

僕は、4時間足で見た過去の高値が集まったレジスタンスラインAに押

図61 ヘッドアンドショルダー後のSスナイプ・環境認識の具体例

し戻されて下落したポンドドルが直近安値ラインCを割り込んだ大陰線①でショートエントリーしました。

この大陰線①が上にあった20MAを下へ突き抜ける形で下落しているのもエントリー根拠になります。一方、損切りは4時間足のレジスタンスラインAで決まりですが、利益確定をどこにするか？

ラインA上の高値と、エントリーしたラインCの間を結んでフィボナッチリトレースメントすると、ちょうど「-100」が過去のもみ合いゾーンの安値近辺になります。

僕は直近安値もあるので「-100」のところを利益確定に設定しましたが、ポンドドルの下落の勢いが強いと判断できれば、「-161.8」のラインまで利益確定を我慢するのもあり。エントリーしたのが1ポンド1.2461ドルで、「-100」は1.2420ドル、「-161.8」は1.2394ドル。直近のもみ合い下限で利益確定したので獲得pipsは41pipsでしたが、「-161.8」ラインまで利確を我慢すれば、獲得値幅は67pips。約26pipsも利益を伸ばすことが

図62　フッボナッチリトレースメントを使った売買プラン・具体例

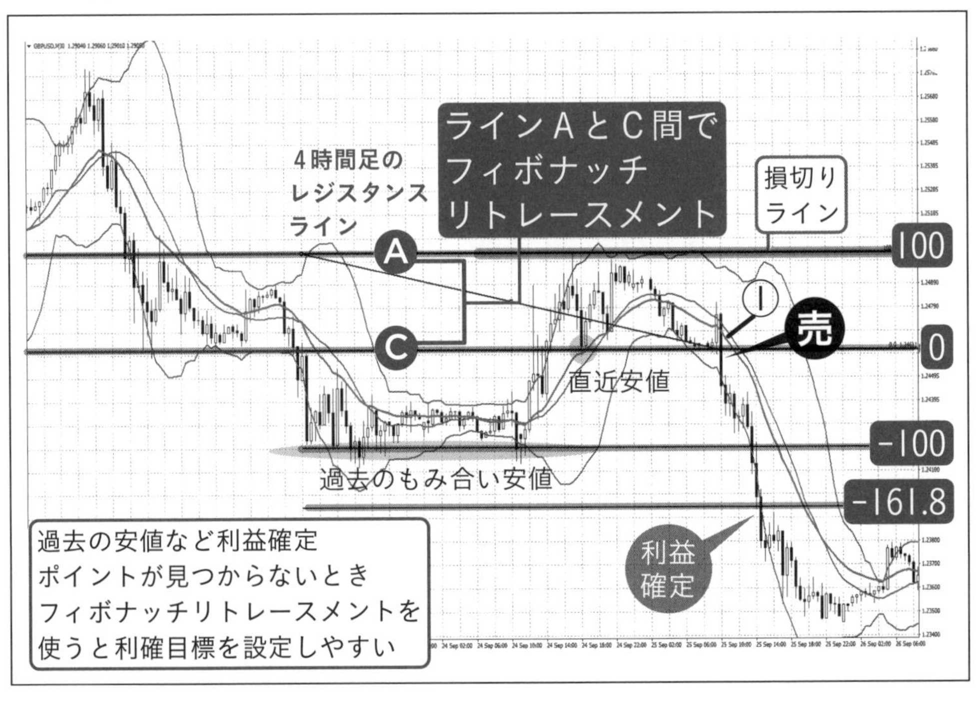

できました。

図62の30分足は左から右へ下落が続いているので、直近のもみ合い下限を下回ると、利益確定の目安になる過去の高値・安値が見つかりません。

もちろん、4時間足チャートに戻って値動きの節目を見つけたり、もう少し長めの30分足で適当な過去の高値・安値ラインを探すこともできます。でも、フィボナッチリトレースメントのほうが手っ取り早いですし、不思議と的確な利確ポイントを教えてくれます。

為替レートが自分の予想したとおりの方向に向かっているときは安易に決済せず、なるべく利益を伸ばすことこそ勝利の極意。

環境認識をしたうえで、さらに伸びると判断できればフィボナッチリトレースメントを使って利大損小を目指すのも1つのやり方です。

「スナイプ」・「Sスナイプ」のドリルを解いてみよう！

習うより慣れろ。FXのトレードスキル上達には実際、自分で素のチャートに水平線を引いてサポレジ転換や売買プランを考えるのが一番です。

高値や安値が重なって投資家の関心が集まっていると思える価格帯に自分自身でラインを引き、そのライン上でサポレジ転換が起こっている局面を探してみる。

そのとき、20EMAや20SMAなど移動平均線と為替レートの位置関係も忘れないで確認する。チャートパターンにも注意を払う。

環境認識で「GO!」が出たら、チャートの時間軸を2つおとして、実際の売買プランを立てる――といった手順をスムースに行うためには、とにかく自分で考えてみる、やってみるしかありません。

スナイプ・Sスナイプに関してもそれはまったく同じ。

次ページ以降、見開きでドリルのQ&Aをつくったので、まずは右ページの答えを隠して自分なりに左ページのチャートにラインを引いて考えてみてください。

図63
スナイプ・ドリル❶

上の4時間足でサポレジ転換を見つけて、下の30分足で売買プランを立ててください

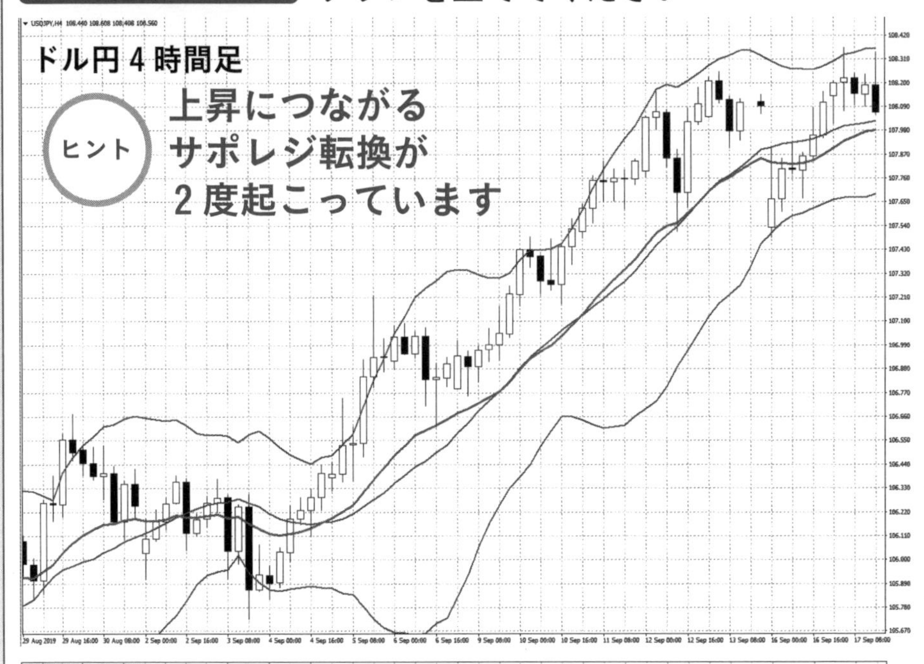

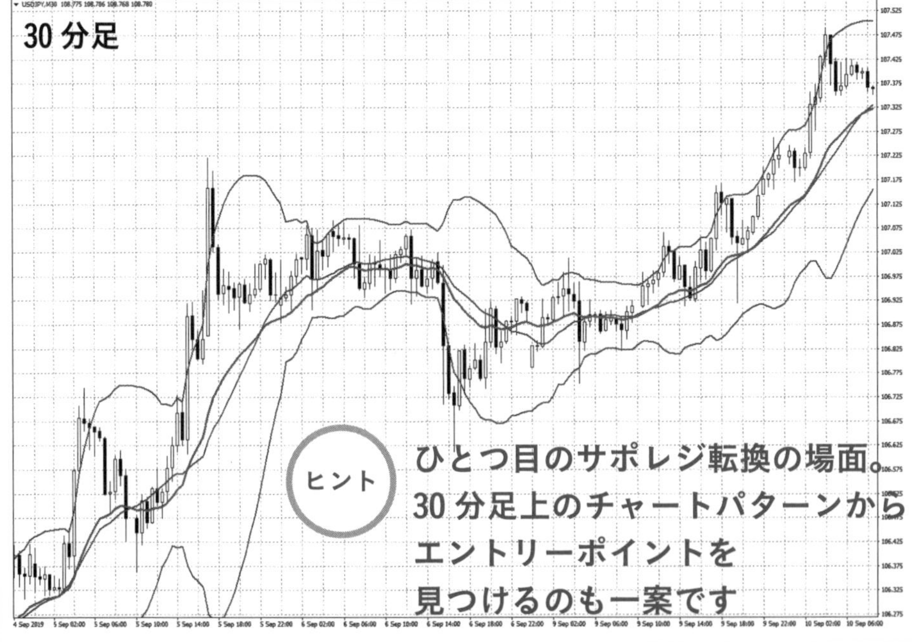

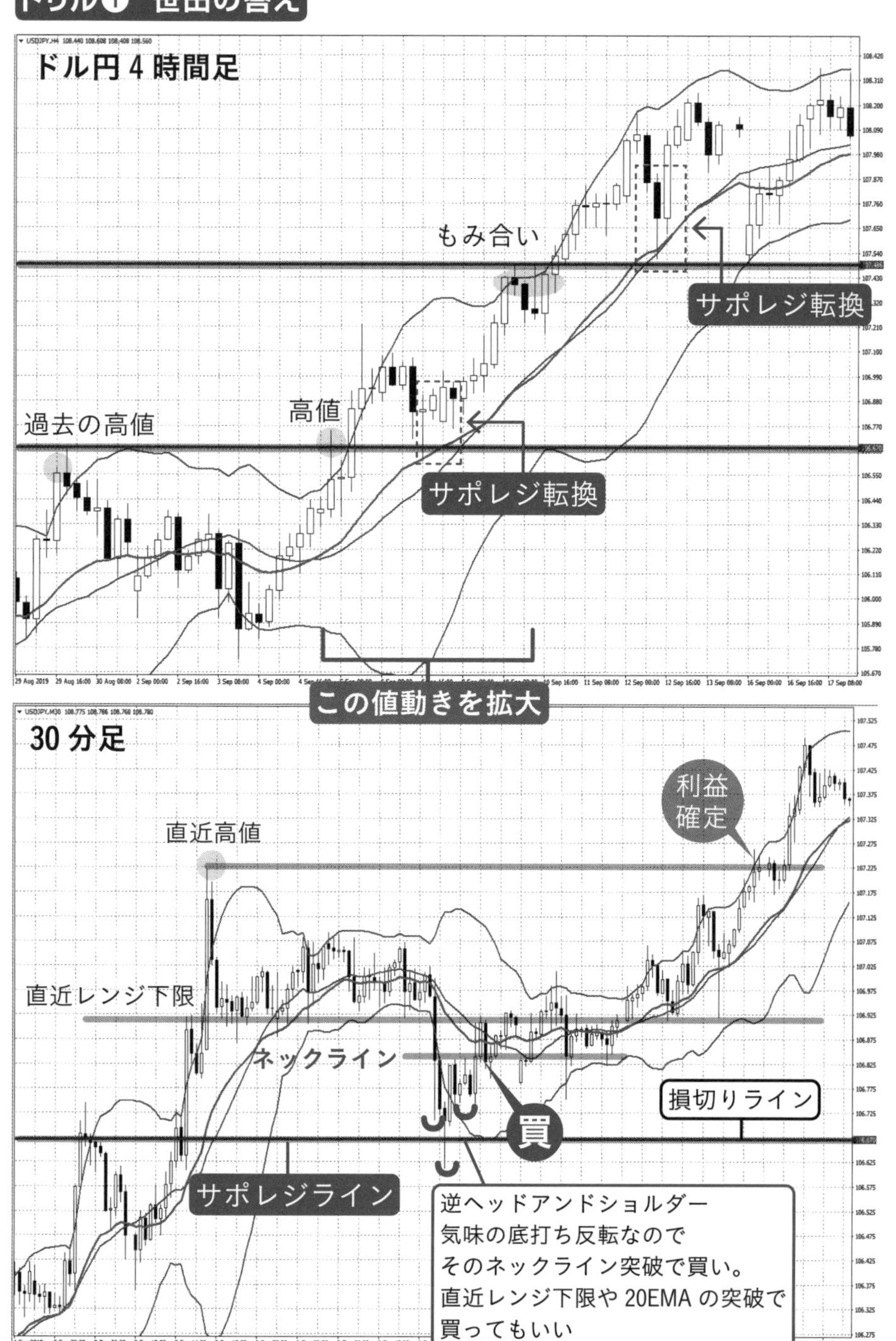
ドリル❶ 笹田の答え
ドル円4時間足
もみ合い
サポレジ転換
過去の高値
高値
サポレジ転換
この値動きを拡大
30分足
利益確定
直近高値
直近レンジ下限
ネックライン
損切りライン
買
サポレジライン
逆ヘッドアンドショルダー
気味の底打ち反転なので
そのネックライン突破で買い。
直近レンジ下限や20EMAの突破で
買ってもいい

図 64 スナイプ・ドリル❷

上の 4 時間足でサポレジ転換を見つけて、下の 30 分足で売買プランを立ててください

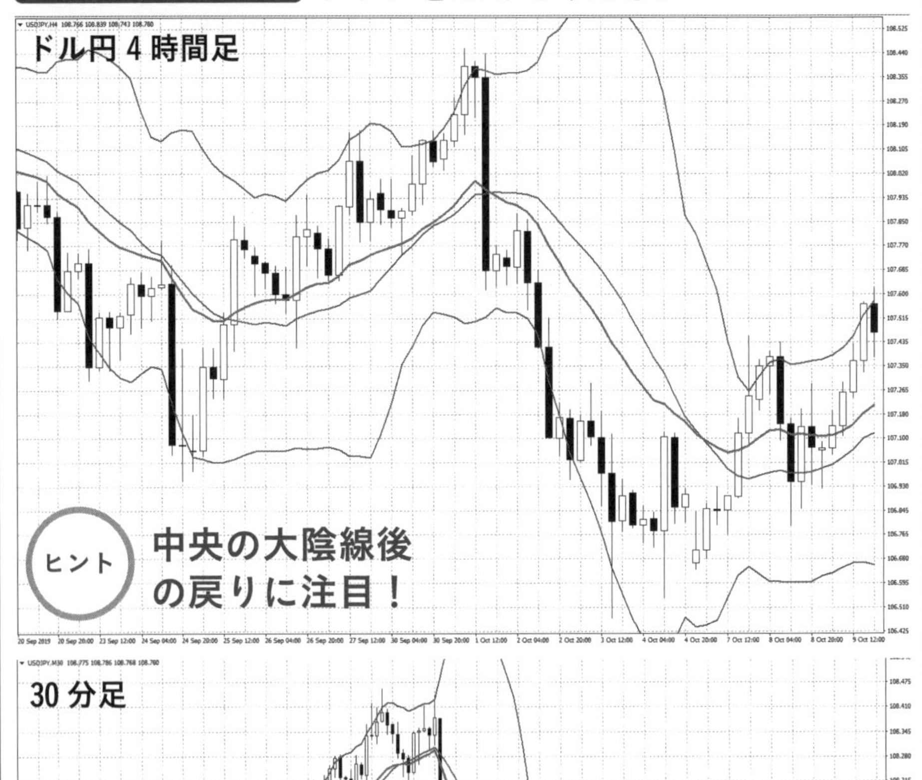

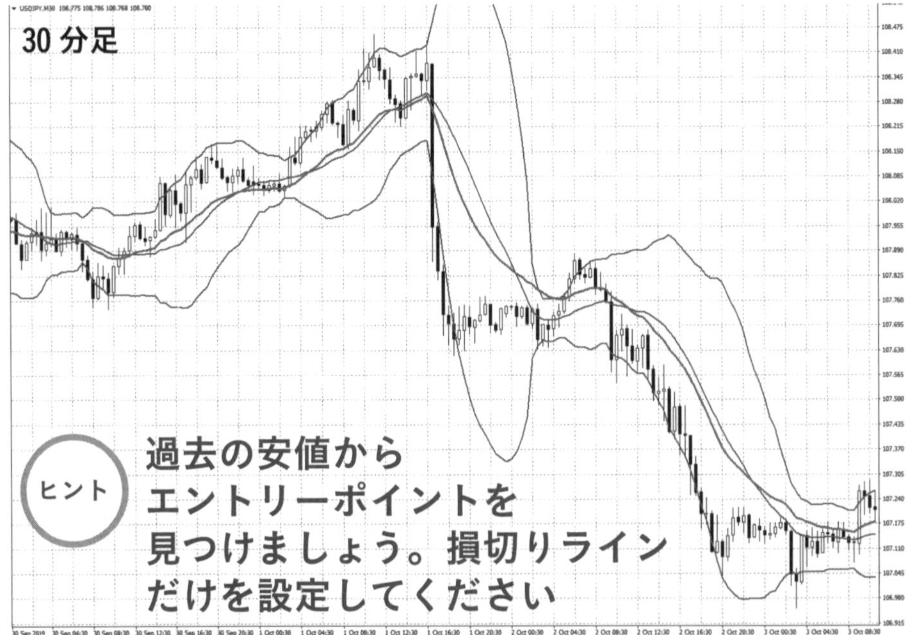

ドリル❷　笹田の答え

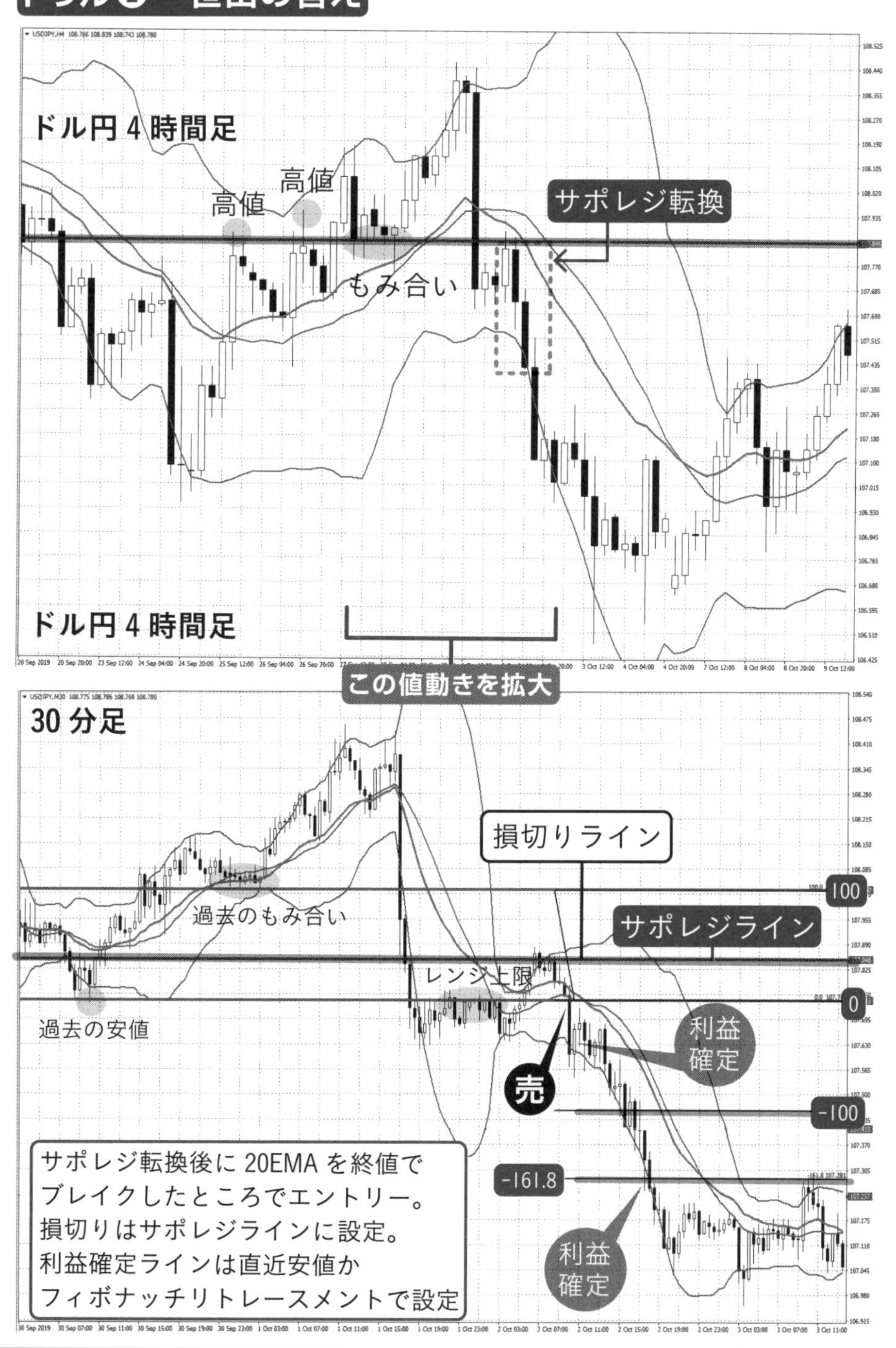
ドル円 4 時間足
高値
高値
サポレジ転換
もみ合い
ドル円 4 時間足
この値動きを拡大
30 分足
損切りライン
100
過去のもみ合い
サポレジライン
レンジ上限
過去の安値
0
利益確定
売
-100
-161.8
利益確定
サポレジ転換後に 20EMA を終値で
ブレイクしたところでエントリー。
損切りはサポレジラインに設定。
利益確定ラインは直近安値か
フィボナッチリトレースメントで設定

上の4時間足でサポレジ転換を見つけて、下の30分足で売買プランを立ててください

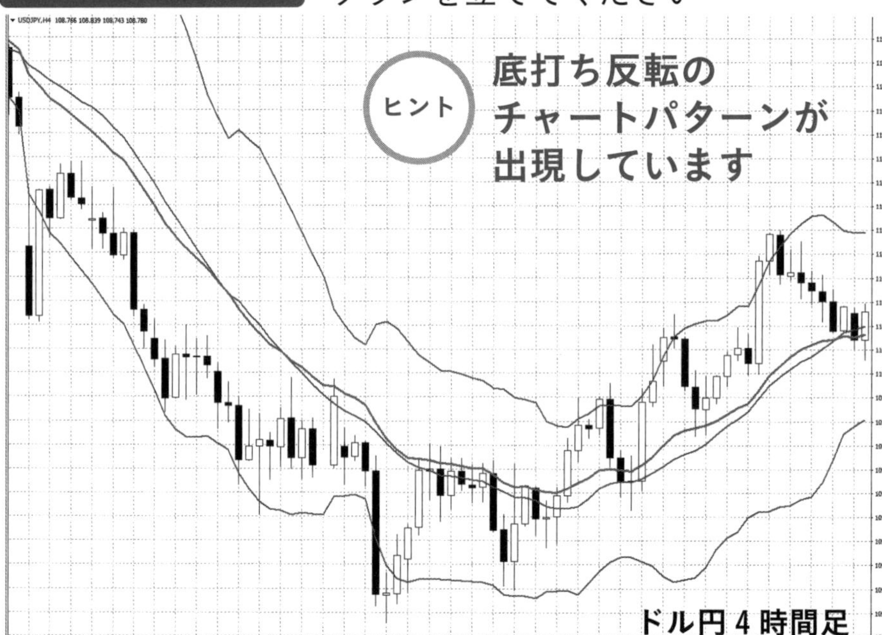

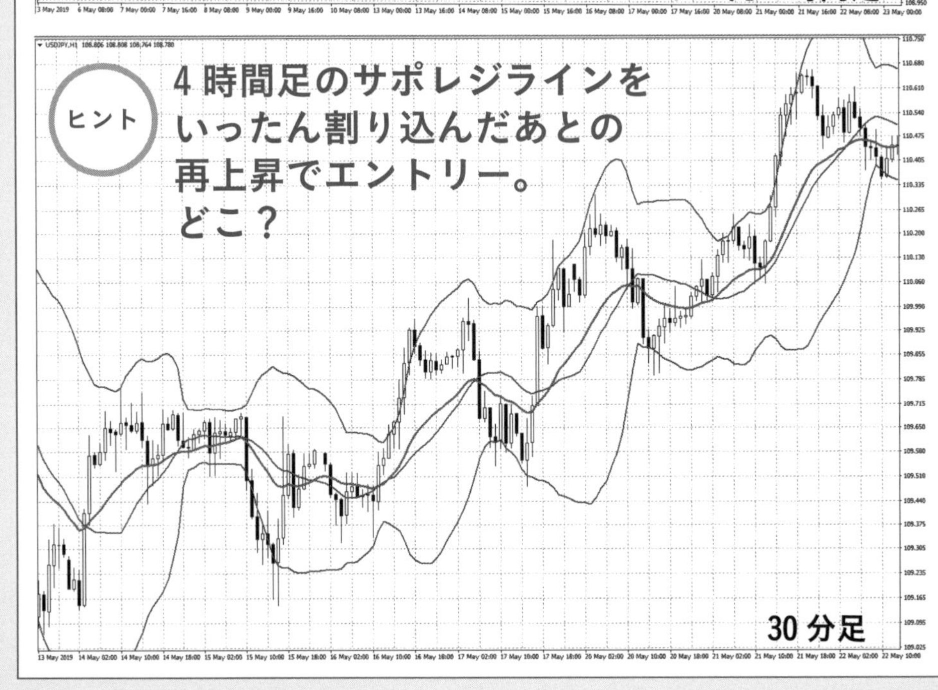

ドリル③　笹田の答え

USDJPY,H4 108.766 108.839 108.743 108.780

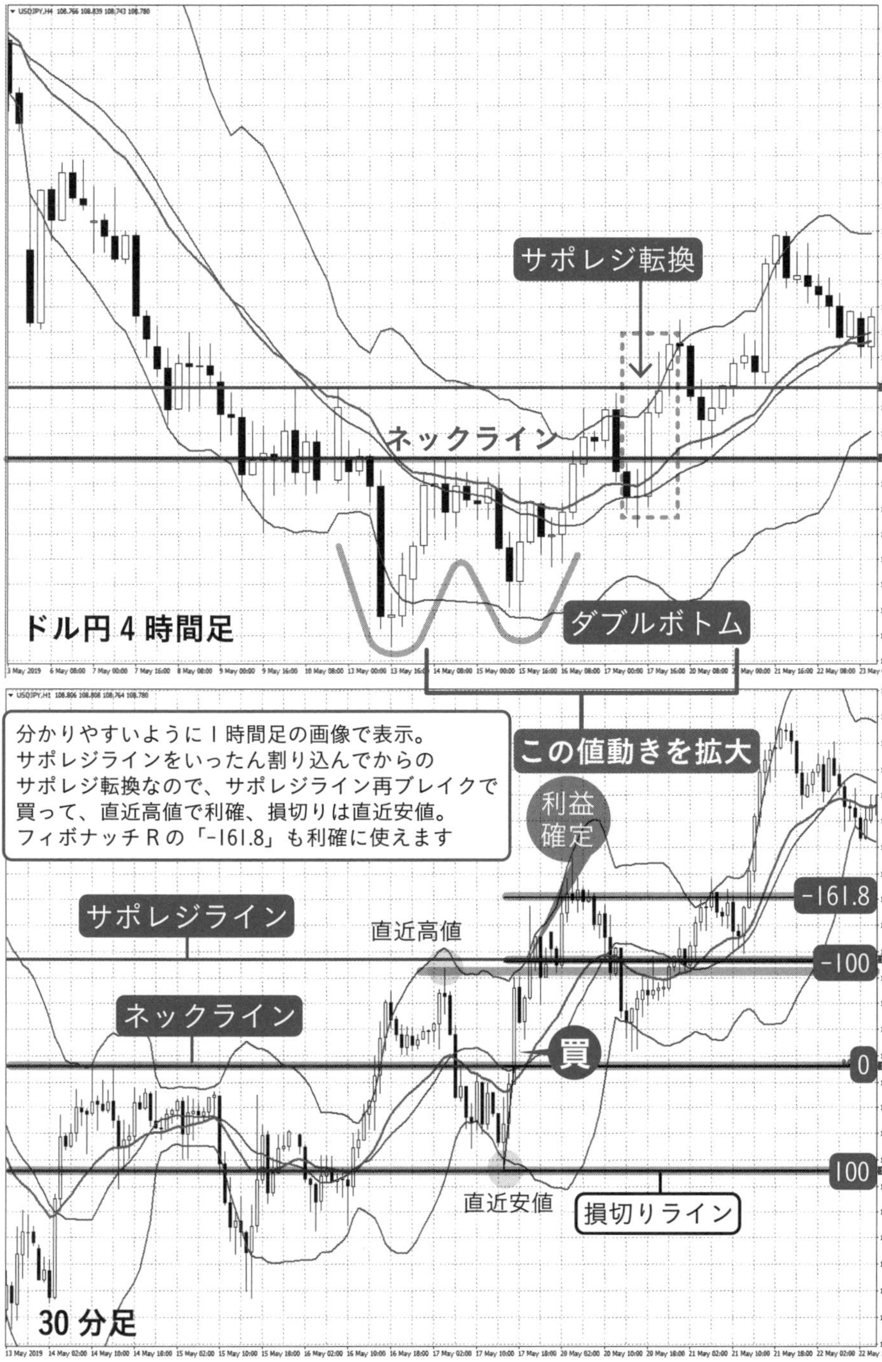

サポレジ転換

ネックライン

ドル円 4 時間足

ダブルボトム

この値動きを拡大

USDJPY,H1 108.806 108.808 108.764 108.780

分かりやすいように1時間足の画像で表示。
サポレジラインをいったん割り込んでからの
サポレジ転換なので、サポレジライン再ブレイクで
買って、直近高値で利確、損切りは直近安値。
フィボナッチRの「-161.8」も利確に使えます

利益確定

サポレジライン

直近高値

-161.8

-100

ネックライン

買

0

100

直近安値

損切りライン

30 分足

図 66 Sスナイプ・ドリル❹

上の4時間足でサポレジ転換を見つけて、下の30分足で売買プランを立ててください

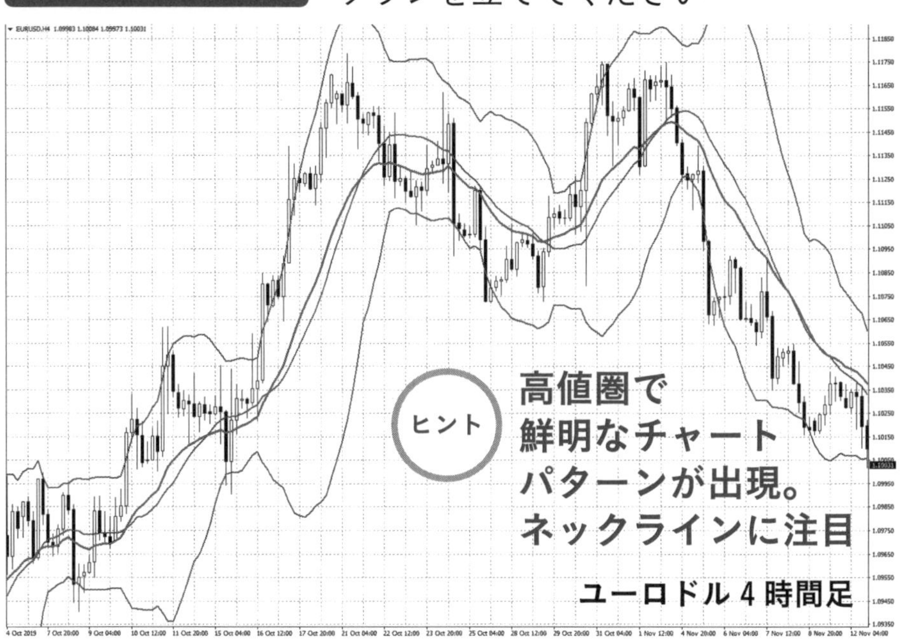

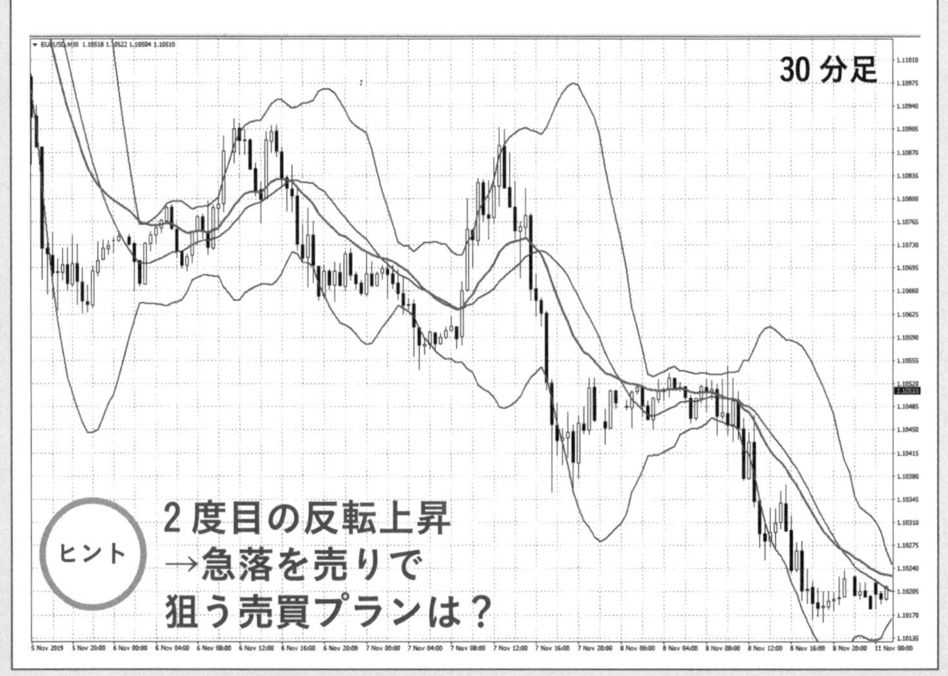

ドリル❹　笹田の答え

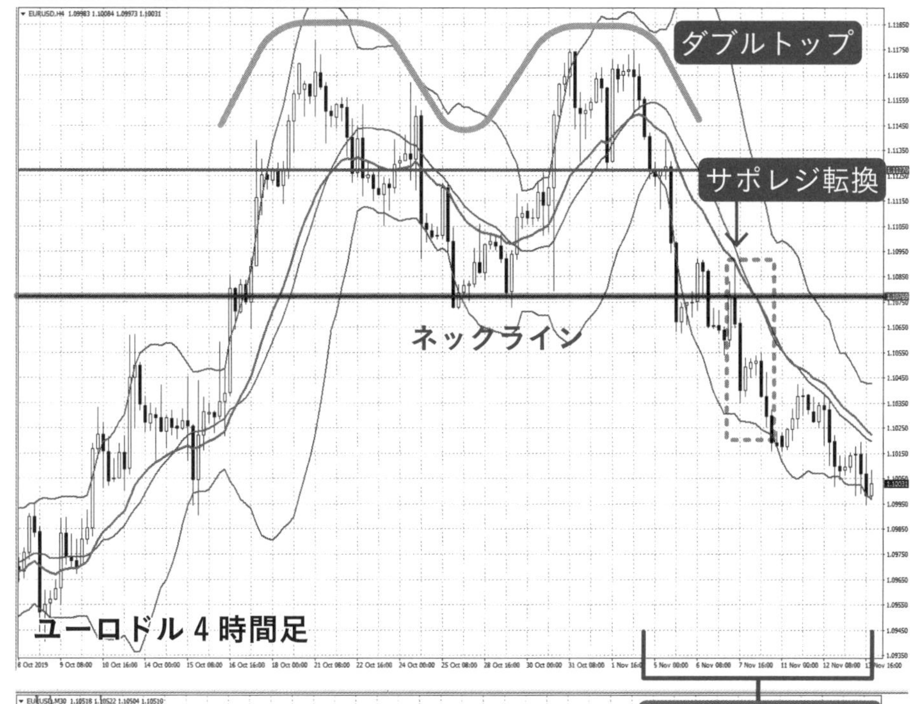

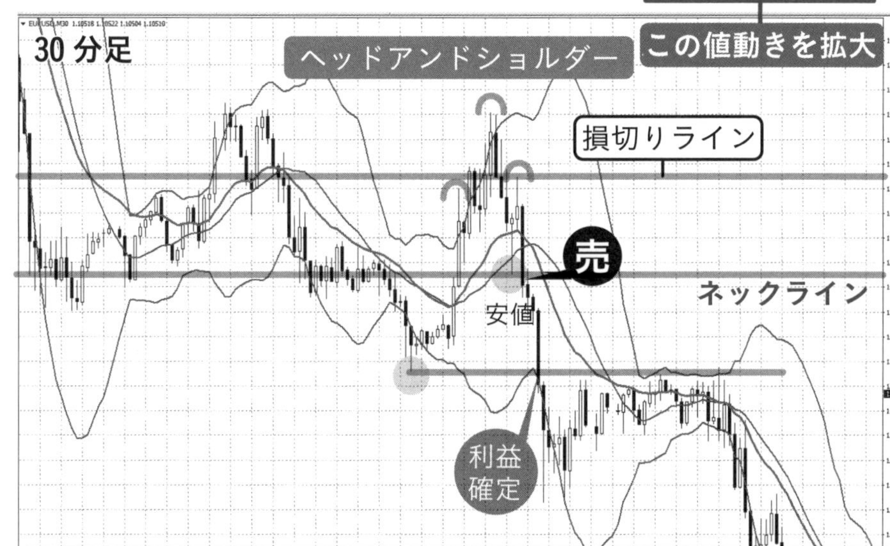

ヘッドアンドショルダーのような形状の安値を下回ったところで売り。
損切りラインは右肩の高値の上に設定。利益確定は直近安値に設定。
環境認識上、伸びると判断できれば 4 時間足のサポレジまで引っ張るのも可

図 67
Sスナイプ・ドリル❺

上の4時間足でサポレジ転換を見つけて、下の30分足で売買プランを立ててください

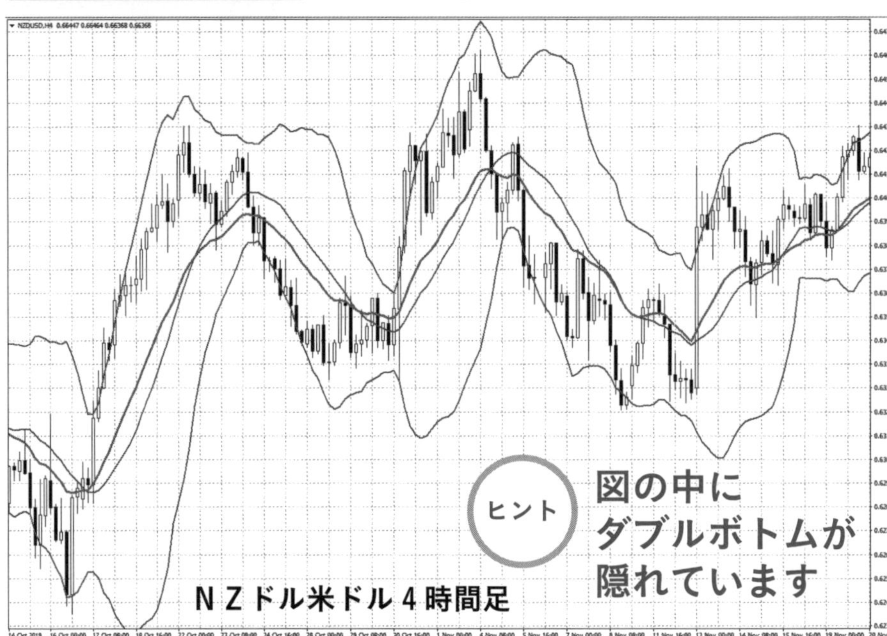

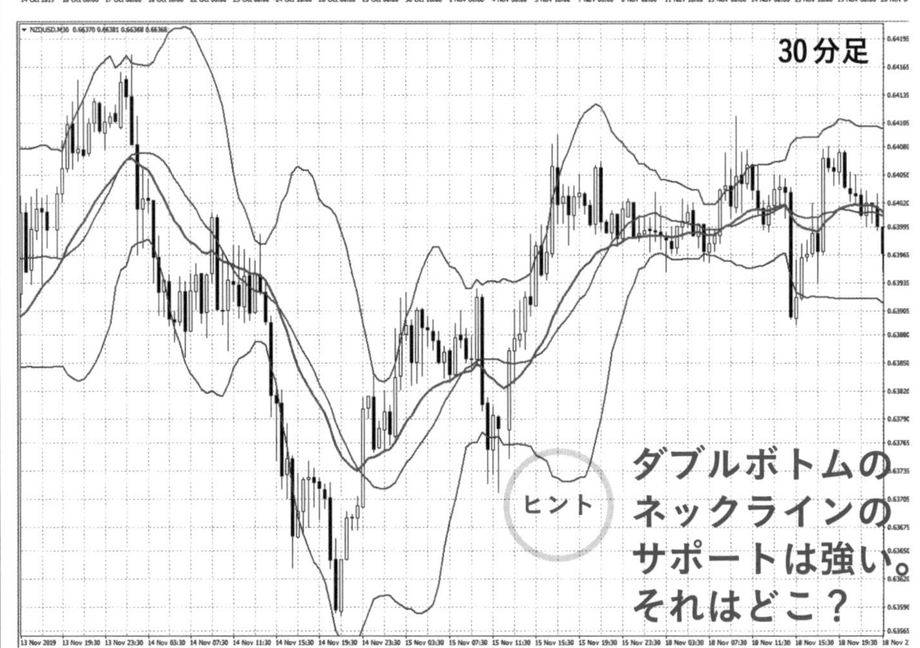

ドリル❺　笹田の答え

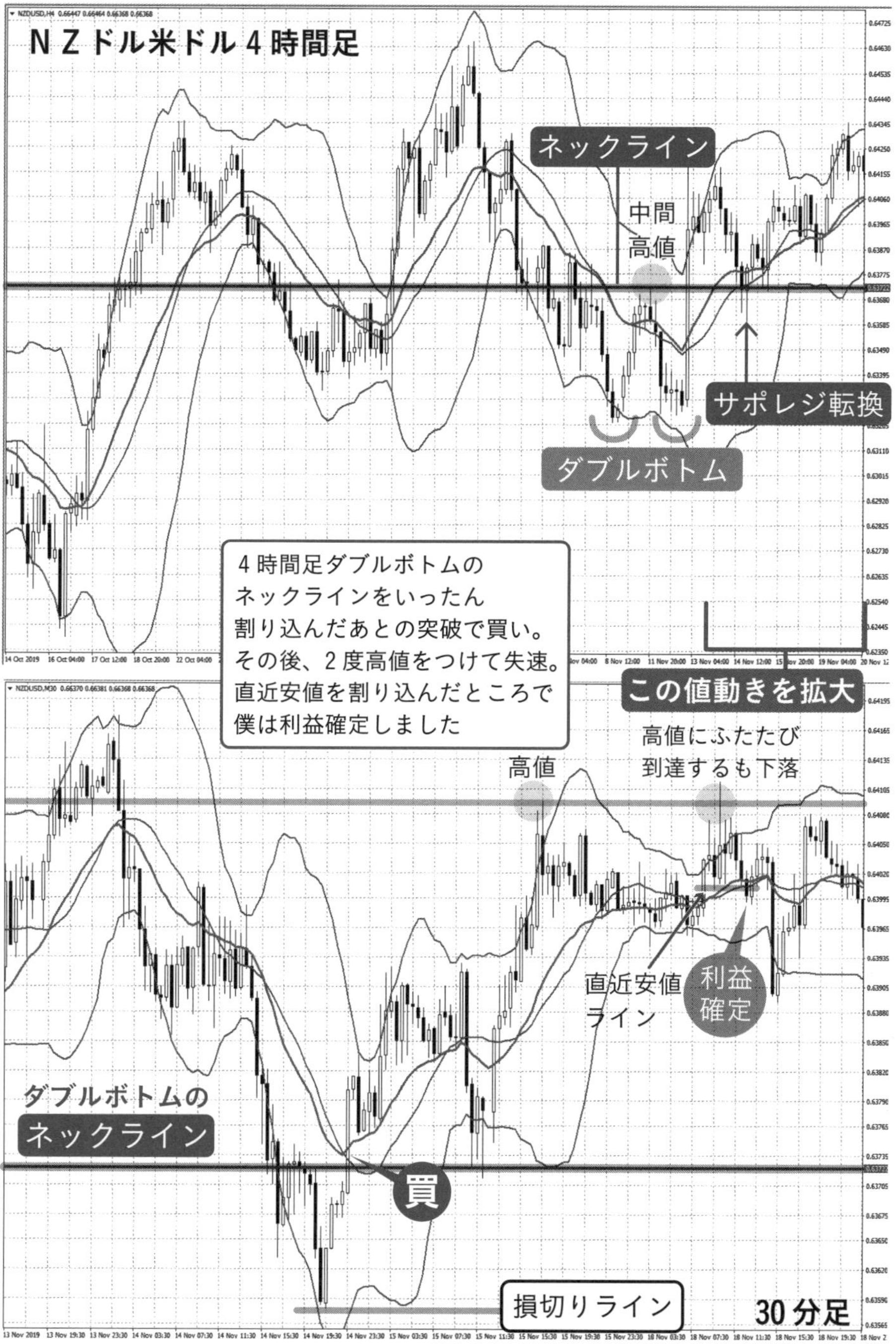

NZドル米ドル４時間足

ネックライン

中間
高値

サポレジ転換

ダブルボトム

この値動きを拡大

４時間足ダブルボトムの
ネックラインをいったん
割り込んだあとの突破で買い。
その後、２度高値をつけて失速。
直近安値を割り込んだところで
僕は利益確定しました

高値

高値にふたたび
到達するも下落

直近安値
ライン

利益
確定

ダブルボトムの
ネックライン

買

損切りライン

30分足

5つのドリルを解いてもらいましたが、こういうトレーニングは「数稽古（かずげいこ）」が重要。ドリルに限らず過去チャートを片っ端からチェックして、「これはスナイプ？」「こっちはSスナイプ？？」と、あなたなりに過去検証してみてください。

「これはどうなんだろう？」と迷ったときは、写メをとってTwitterで「@tradeacademia」宛にメンション相談もOK。

僕の見解をお伝えすることもできますし、そのやりとりを見ている他の方々にも参考になると思います。気軽にメンションください。

さて、今までのドリルはしょせん過去の値動き。次の展開がわかっています。でも、**実戦は「僕の前に道はない、僕のうしろに道はできる」状態で、先が見えない手探りの状況**。そんななか、サポレジ転換の発生やチャートパターンの完成を察知するためには、シグナル発生前の準備が一番大切です。

「あっ、ここに重要なサポレジラインがある」「次、こう動けばヘッドアンドショルダー完成だな」と、あらかじめ待ち構えておく必要があります。

僕はMT4に標準装備された合計28通貨ペアの値動きを4時間足メインで毎日ウォッチして、トレンドの方向性やサポレジ転換の可能性をチェックしています。

具体的には今、相場の焦点になっているサポレジラインをチャート上に引いて、そのラインをブレイクしたら、サポレジ転換に移行しないか集中監視する、というやり方です。

メジャー、マイナー通貨問わず、投資家の実際の取引で高値や安値ができ、そこが心理的な節目になって値動きが転換するのは同じ。

特にサポレジ転換は、同じトレンドで動いていても、通貨ペアごとに微妙な違いがあり、「この通貨ペアの転換のほうが強い」といった強弱があります。

28通貨も見る必要はないですが、なるべく多くの通貨ペアにサポレジラインを引いてチャンス到来を虎視眈々と狙いましょう！

第5章

初心者でも
月収35万！
「鉄壁
フラッグトレード」

初心者や負けてる人にオススメ
勝率85.4%の「鉄壁フラッグ」

笹田式「鉄壁フラッグ」が、正確無比で高勝率な理由

第4章で紹介した「サポレジ転換+20MAタッチ+チャートパターン完成」のSスナイプトレードは、相場反転型のヘッドアンドショルダーやダブルボトムなどが絡んだものでした。

チャートパターンには、天井圏・大底圏で出現する相場反転型だけでなく、押し目や戻りなどトレンドが継続して再加速するときに出現するタイプもあります。

あえて、第4章で紹介しなかったのは、実はこのトレンド継続型のチャートパターンが絡んだサポレジ転換は、わざわざ別個にわけて紹介したいほど、ものすごく正確無比で高勝率だから、です。

中でも、**トレンド継続型のチャートパターンのひとつ「フラッグ」がサポレジ転換に絡むケースは、僕的には「王様」といっていいほど最強のエントリートリガー**になっています。

この手法に関しては、基本的にドル円、ユーロ円、ポンド円、ユーロドル、ポンドドル、ドルフラン、オージー（豪ドル）ドル、キウイ（NZドル）ドルの8通貨ペアに絞って監視しています。

8通貨ペアの4時間足チャートで月に2回ぐらい点灯するのが普通で、ないときは0回、多くても5回ぐらいしかないレアシグナルなので、Sスナイプ同様、「待ち」が基本になります。

しかしその勝率は「はじめに」に記したとおり、85.4%（2018年1月1日～2019年10月31日。トレード回数41回、35勝6敗）。

やり方も非常に簡単なので、初心者や負けている人に自信、成功体験を味わってもらうための「とっかかり」として、スナイプやSスナイプトレード同様にオススメしています。

いや、出現回数を考慮すると、その有効性はSスナイプ以上。

サポレジ転換を活用した笹田式「鉄壁FX」の中で最も勝てる手法だと自信をもって断言できます。なぜなら**僕自身のトレードの主軸の1つになっているのが、このトレード**だからです。

題して笹田式「**鉄壁フラッグトレード**」。その流れを**図68**に示したのでご覧ください。

環境認識を大きな時間軸で行い、2つおとした短い時間軸でエントリープランを立てるのはスナイプトレードと同じです。

環境認識で日足を軸に見ていたら1時間足、4時間足なら30分足、1時間足なら15分足でエントリーポイントを探します。

Sスナイプの場合、環境認識を行う大きな時間軸のほうにヘッドアンドショルダーなど相場反転シグナルが出ていました。それに対して、フラッグトレードでは、短い時間軸でチャートパターンのフラッグをより詳細に確認していきます。

図68　勝率85.4％！　「鉄壁フラッグトレード」の売買手順とは？

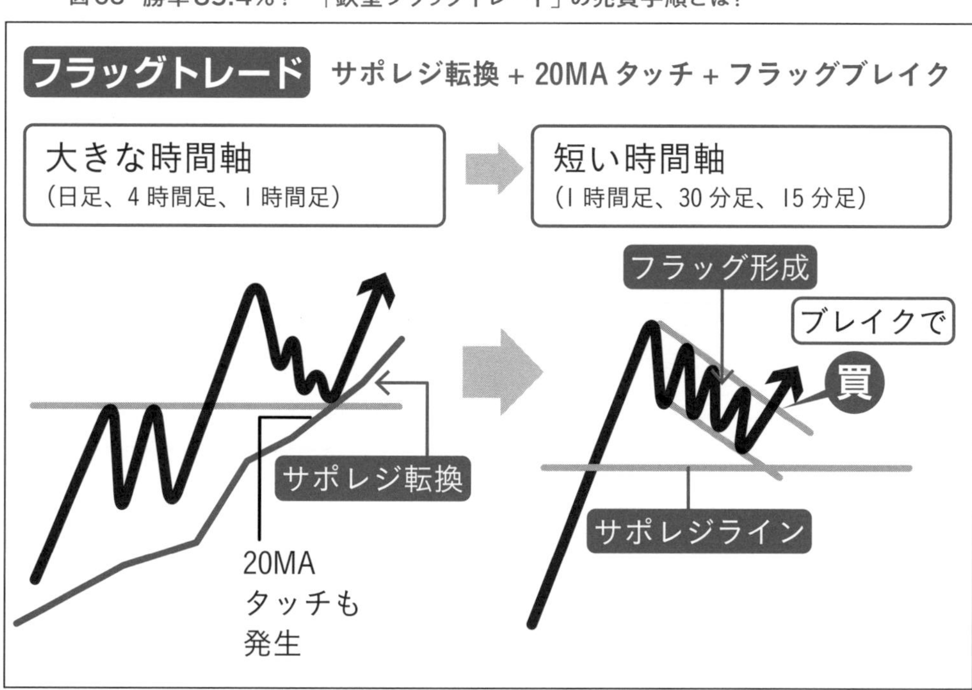

フラッグはトレンド継続型のチャートパターンですから、アップトレンドのときには押し目、ダウントレンドのときは戻りの部分がちょうどフラッグの形になっているところを狙うのが、このトレードの特徴です。

これまでのトレンドとは反対方向にフラッグの形状をつくって上下動した為替レートがその上限・下限をブレイクして、元のトレンド方向に回帰する。そうした押し目や戻りを狙う、逆張りでなく、超順張りのトレンドフォローだからこそ、高勝率を残せるというわけです。

これも実際の具体例を見てもらったほうがわかりやすいでしょう。

図69はポンドドルの日足チャートです。下落が続いていましたが、画面中央でレンジ相場に移行したあと、ダブルボトムを形成して、ネックラインAを突破。しかし、そこで失速してラインAを割り込んだあとに再上昇後、ふたたびラインAを下ヒゲで割り込む陽線①が出現しました。

ラインAがサポートに変わったのかどうかを確かめにいく動きのあと、陽線①をきっかけに上昇が続けばサポレジ転換が完成します。日足という

図69 フラッグトレードの具体例・まずは日足で環境認識

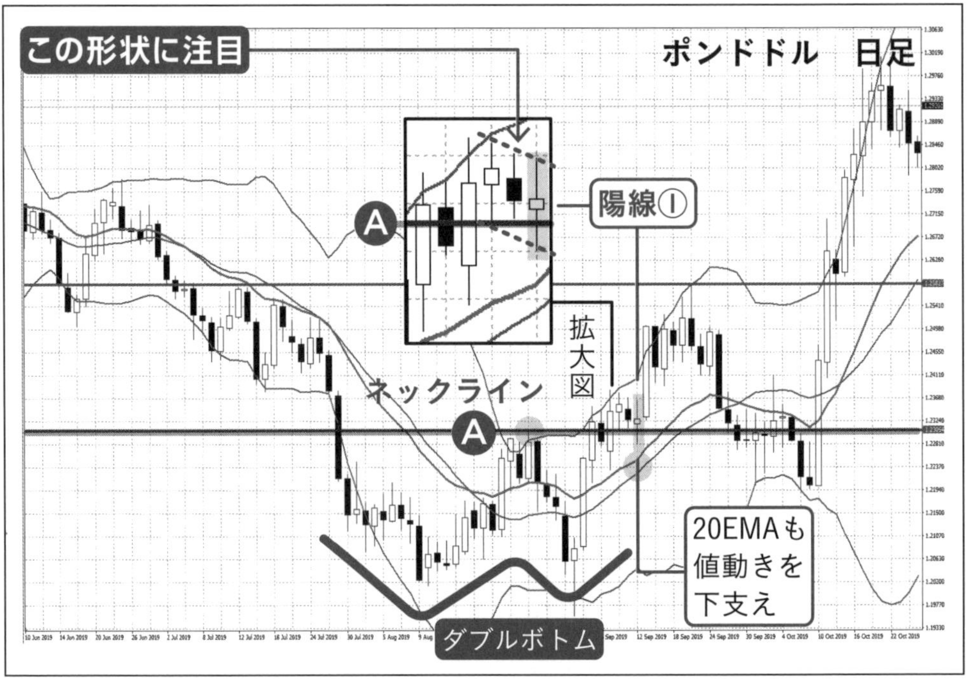

大きな時間軸でダブルボトムが完成するかどうかの瀬戸際にもなっていて、Sスナイプの条件も満たしているので、大チャンスといえます。

そこで、時間を2つおとした1時間足チャート（**図70**）を見ます。

これは先ほどの日足チャートの拡大図の値動きになりますが、日足のダブルボトムのネックラインA近辺まで何度か下げたあと、大陰線①をつけるまでの値動きに注目してください。

上昇途中に高値と安値を切り下げて右肩下がりのレンジ相場で推移する動き、これこそ「フラッグ」です。

フラッグが形成されたときの売買プランは、上昇トレンド中のフラッグ（**「上昇フラッグ」**と呼びます）なら、右肩下がりのチャネルラインの上限Bか直近高値をブレイクしたらロングエントリー。

そこで、僕は1時間足にできたフラッグ内の直近高値Cを大陽線②が上抜けしたポイントで買いを入れました。

移動平均線も確認すると、それまで20MAに下支えされていたローソ

図70　フラッグトレードの具体例・1時間足でエントリー

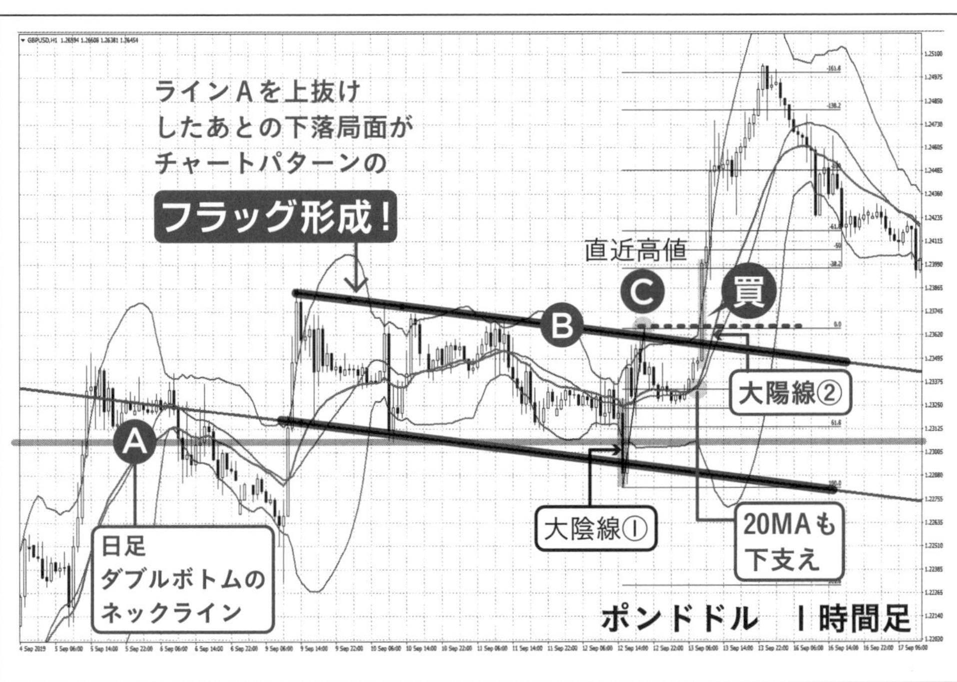

ク足が20MAから飛び立つような形で大陽線②が出現しており、勢いが加速する初動段階をとらえた買いになりました。

図71は図70を拡大したものですが、このときの損切り・利益確定ポイントはフィボナッチ比率で設定しました。具体的には、フラッグのチャネルラインの少し外側にある直近高値Cとその直前につけた直近安値Dを結んでフィボナッチリトレースメントを行います。

環境認識ありきですが、フラッグ完成のときはシグナル通りの動きをすることが多く、大きめのLotで勝負することもあります。

なので損切りも利益確定もそれほど欲張らず、フィボナッチリトレースメントの61.8ラインで損切り、-61.8ラインまで到達したら利食いというエグジットを基本設定にしています。この場合は重要な安値Eが61.8の上にあるので、その安値の下に設定しました。結果はエントリー直後のローソク足が大陽線で終わり、その後、陽線2本で利益確定の－61.8ラインまで到達。約40pipsの利益を得ることに成功しました。

図71 フラッグトレードの具体例・フィボナッチRでエグジット設定

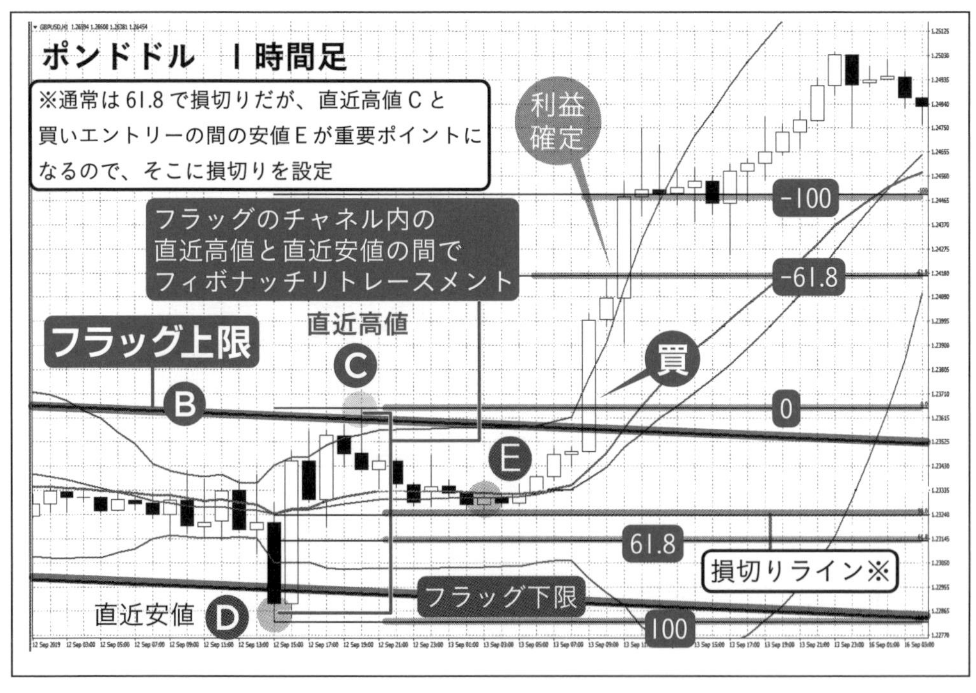

この例の場合、環境認識のダブルボトムがエントリー根拠として非常に強く、しかも1時間足のフラッグも、ものすごくきれいだった点が勝利につながった理由でした。

フラッグトレードのフラッグがきれいかどうか？ これはとっても重要です。ダウントレンドのときに出現する右肩上がりのレンジ相場＝下降フラッグの例も見てみましょう。

図72はユーロドルの4時間足ですが、ダウントレンドが続いていた中、いったん上昇に転じて乱高下したあと、20MAを割り込んでふたたび下降トレンド入りしています。

図に引いたラインAは中央の上昇→横ばい局面でつけた安値が何度も止まっている非常に強いサポートラインです。そして、下落開始後にラインAまで上昇して反転下落したのがBのポイント。かなり強力なサポレジ転換の発生が、売りで勝負する根拠になりました。

サポレジ転換が起こった場所では上値にあった20EMAと20SMAも上

図72 フラッグトレードの具体例・ダウントレンドの戻り売り

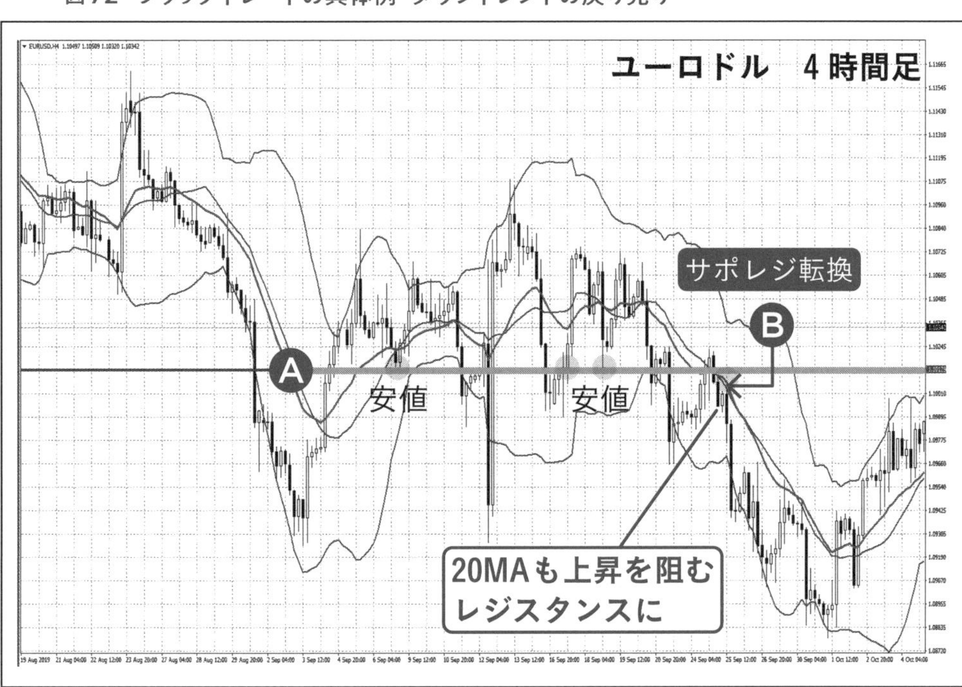

昇を阻む壁となり、強力な抵抗帯として機能しています。

そこで時間軸を2つおとしたのが**図73**の30分足になります。

4時間足で見てもいったん下落後に、じわじわサポレジラインAに戻る動きが下降フラッグを形成しているのがなんとなく察知できました。

30分足におとすと、その動きが非常にクリアにわかります。じわじわと高値や安値を切り上げる動きが続き、サポレジラインAを突破して高値Bまで上昇しますが、短期間で終わり、そこから下落が開始。

フラッグの下限ラインを突き破って直近安値Cを割り込んだポイントで、僕はショートエントリー！　決済ポイントは、フラッグのレンジ幅に相当する高値Bと安値Cを結んだフィボナッチリトレースメントの38.2ラインと直近高値があるポイントで損切り、-61.8ラインで利益確定に設定しました。結果的には、さらに急落したものの、フィボナッチリトレースメントの-161.8ラインでぴったり下げ止まっています。

図73　下降フラッグのフィボナッチRを使った売買プラン・具体例

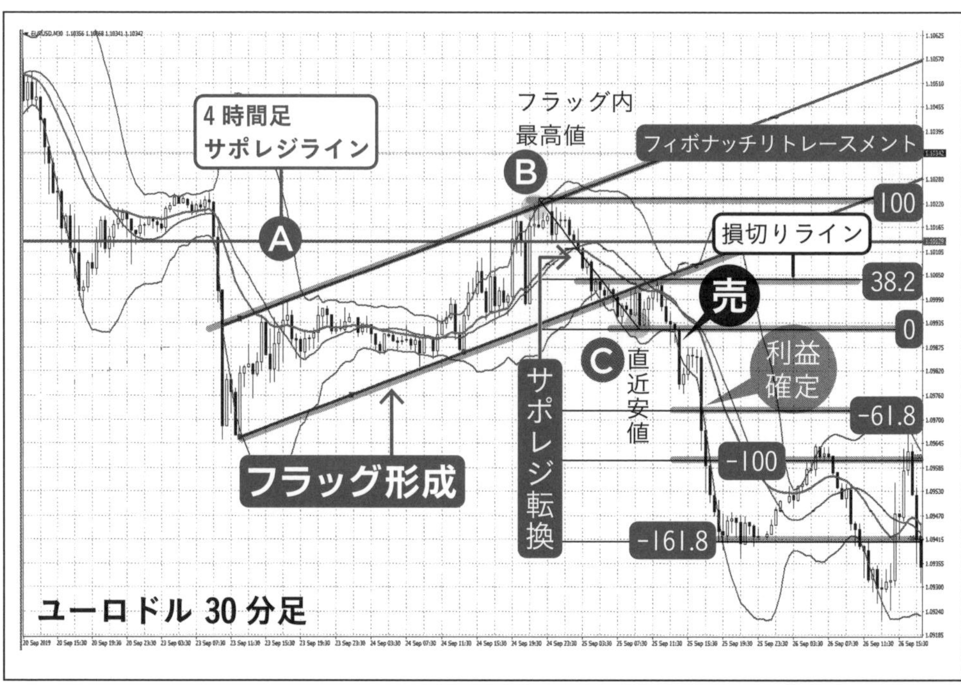

「フラッグの見つけ方」とその注意点

2つの例を見て、チャートパターン・フラッグ発生のポイントがなんとなくつかめたでしょうか？

フラッグが発生するのは、アップトレンドの下落（押し）局面やダウントレンドの上昇（戻し）局面です。

こうした押しや戻しが大陽線・大陰線による一直線のものではなく、小刻みなレンジ相場を形成して続くとフラッグが出現しやすくなります。

いわば、これまで続いていたトレンドに対する懐疑的な見方が市場にじわじわと広がって、相場がトレンドとは反対方向に少しずつ反転するものの、結局、トレンドの勢いが勝り、フラッグの上限・下限ラインをブレイクしたところがエントリーポイントになります。

フラッグ自体はトレンドの押し·戻しなのでかなり頻繁に日足、4時間足、1時間足チャートに出てきますが、フラッグが終わる地点がぴったりサポレジラインに重なり、フラッグからのブレイクがちょうどサポレジ転換にもなっている、という場面になると、発生頻度が激減します。

そこに20MAもサポートやレジスタンスとして絡んでいるとなると、さらに回数は限られます。

なかなか発生しないエントリートリガーのほうが無駄撃ちを防げて、高勝率に結びつくもの。

この手法を実戦で行うときは、①まずサポレジ転換が大きな時間足のチャート上で起こりそうかどうかを確認、②サポレジ転換が発生していそうな局面を小さな時間軸のチャートで見て、フラッグが形成されるかどうかをウォッチ、③形成されたら高勝率で勝てるサポレジ転換になる可能性が高いのでフラッグブレイクをさらにウォッチ、という手順で臨みましょう。

これもまた頭で考えるより、実際のチャートで練習したほうがいいので、次のドリルを解いてみてください！

図 74 フラッグ・ドリル❶

上の日足でサポレジ転換、
下の1時間足でフラッグを見つけて
エントリーポイントを探してください

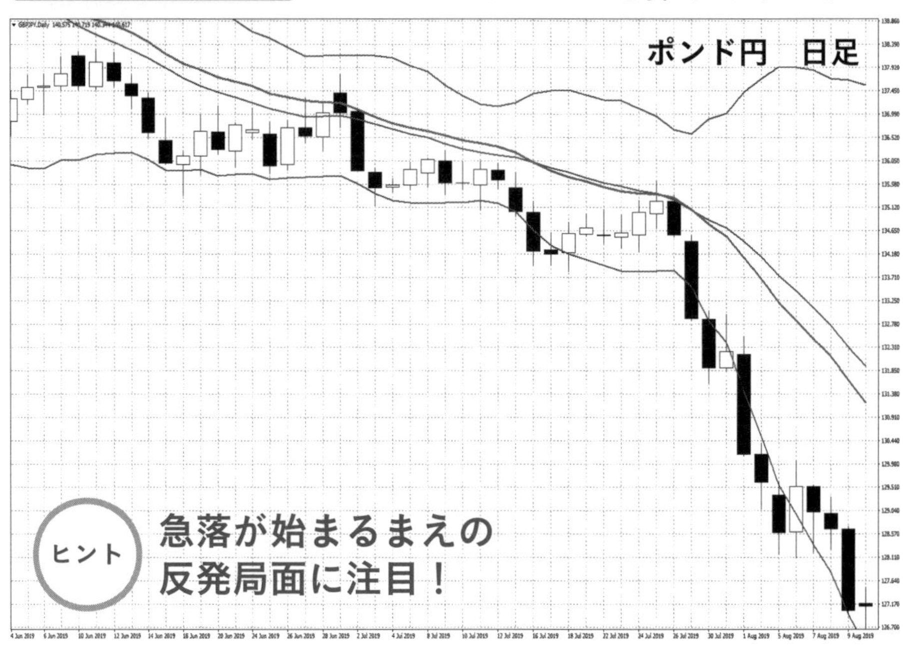

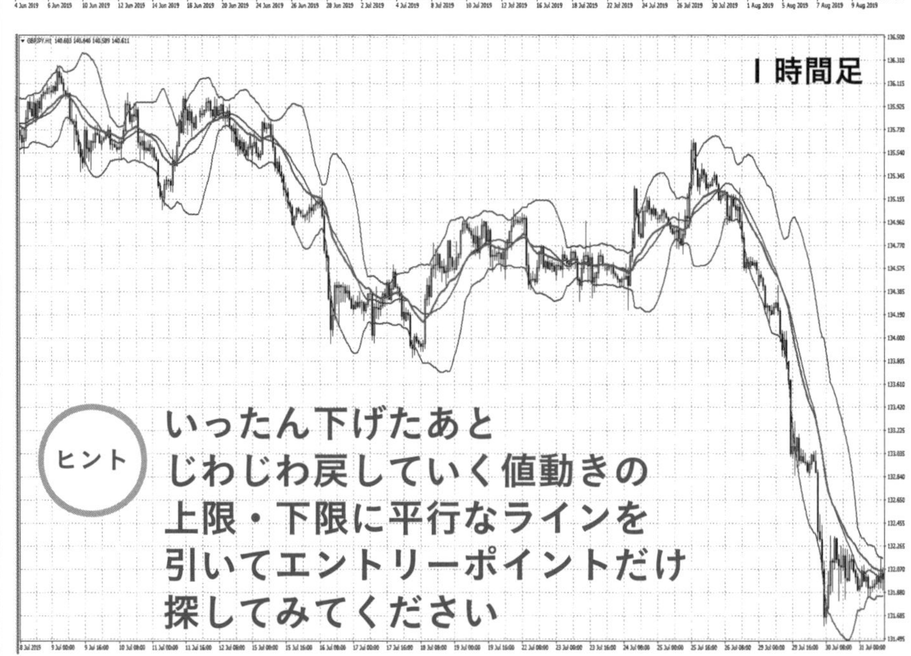

ドリル①　笹田の答え

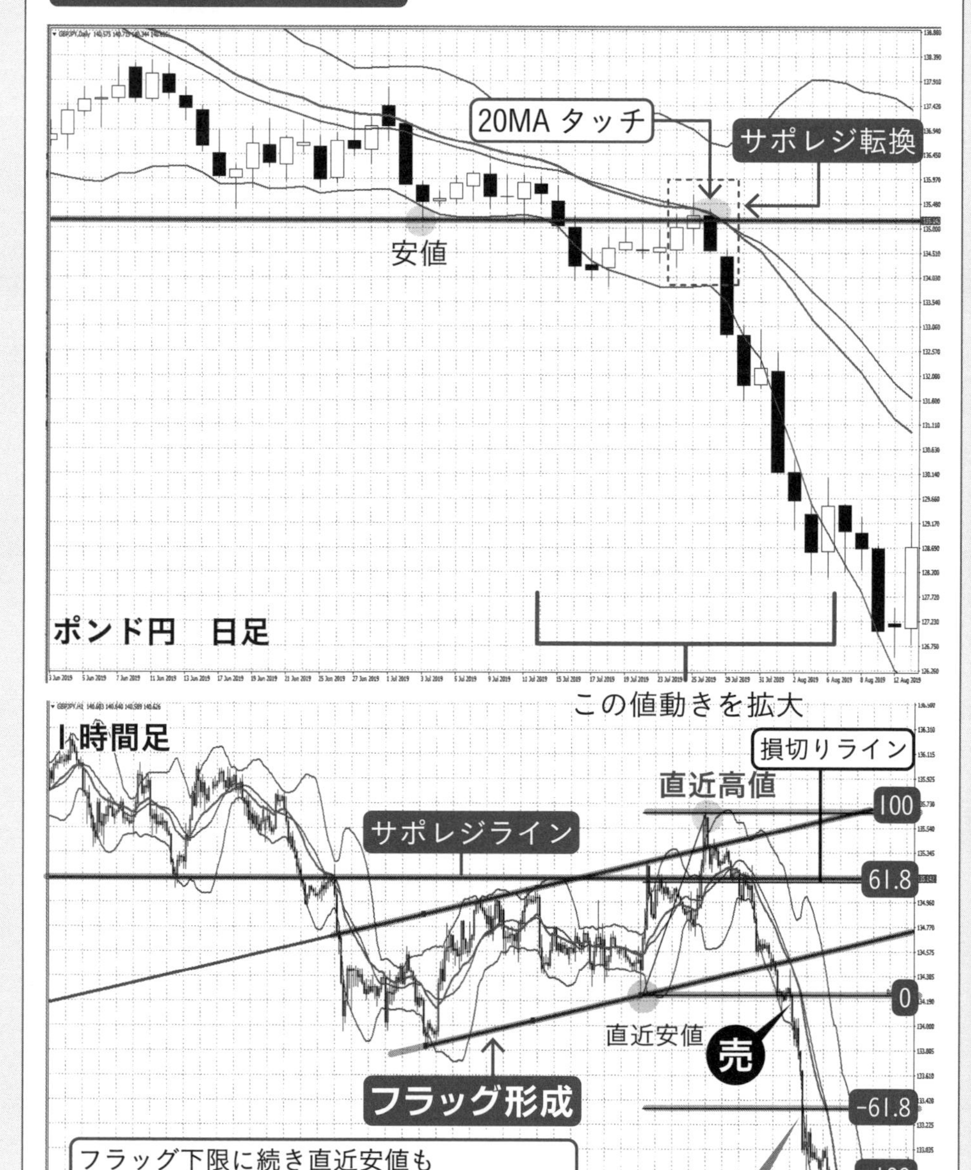
20MA タッチ
サポレジ転換
安値
ポンド円　日足
この値動きを拡大
1時間足
損切りライン
直近高値
100
サポレジライン
61.8
0
直近安値
売
フラッグ形成
-61.8
-100
利益確定
-161.8
フラッグ下限に続き直近安値も
割り込んだところで売り。
非常にきれいなフラッグでブレイク後は
教科書通り急落。フィボナッチRの61.8で
損切り、-61.8で利益確定をルールにして
いますが利益はもっと伸ばせました

図 75 フラッグ・ドリル❷

上の日足でサポレジ転換、下の1時間足でフラッグを見つけてエントリーポイントを探してください

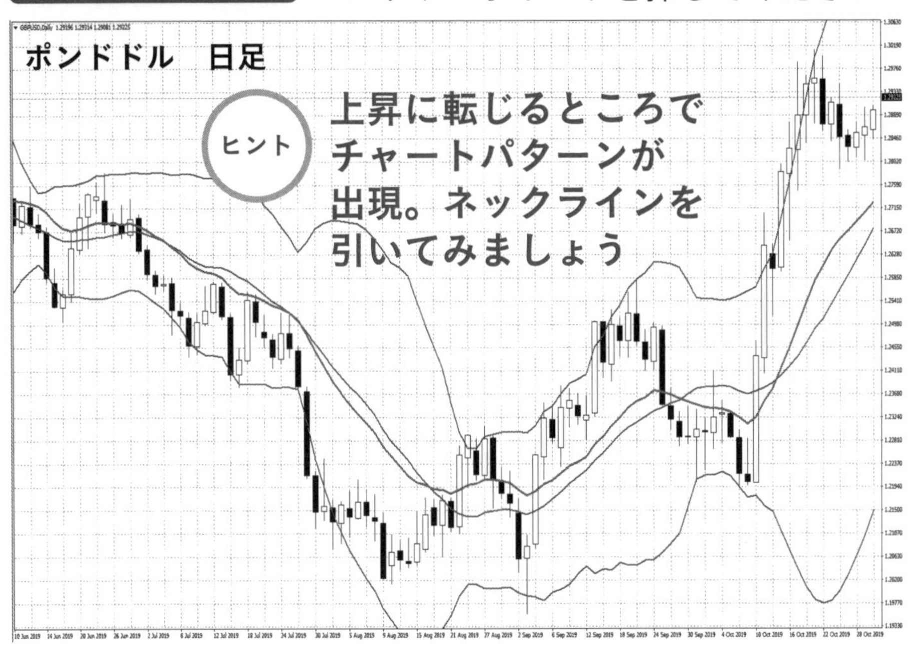

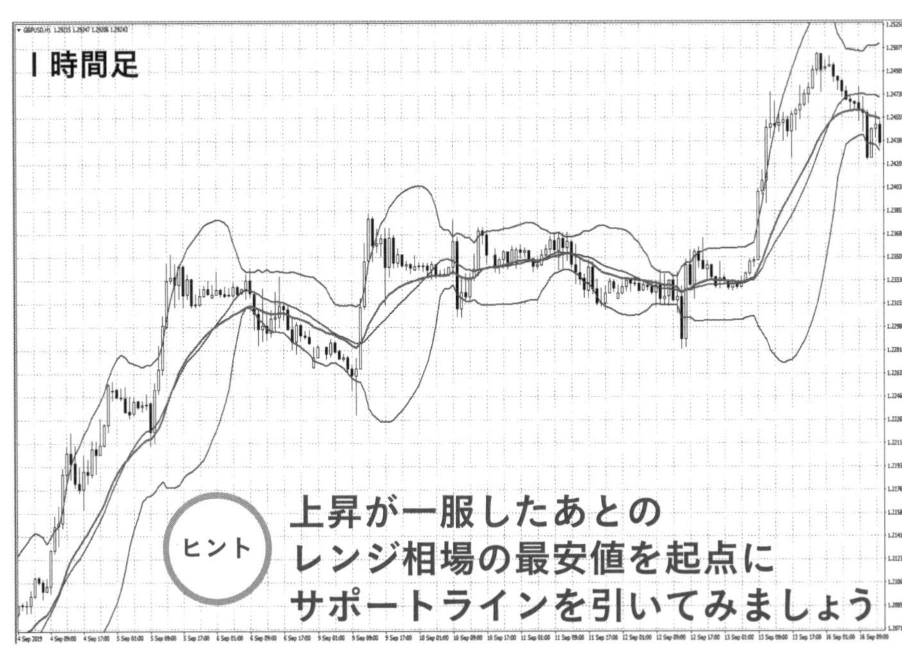

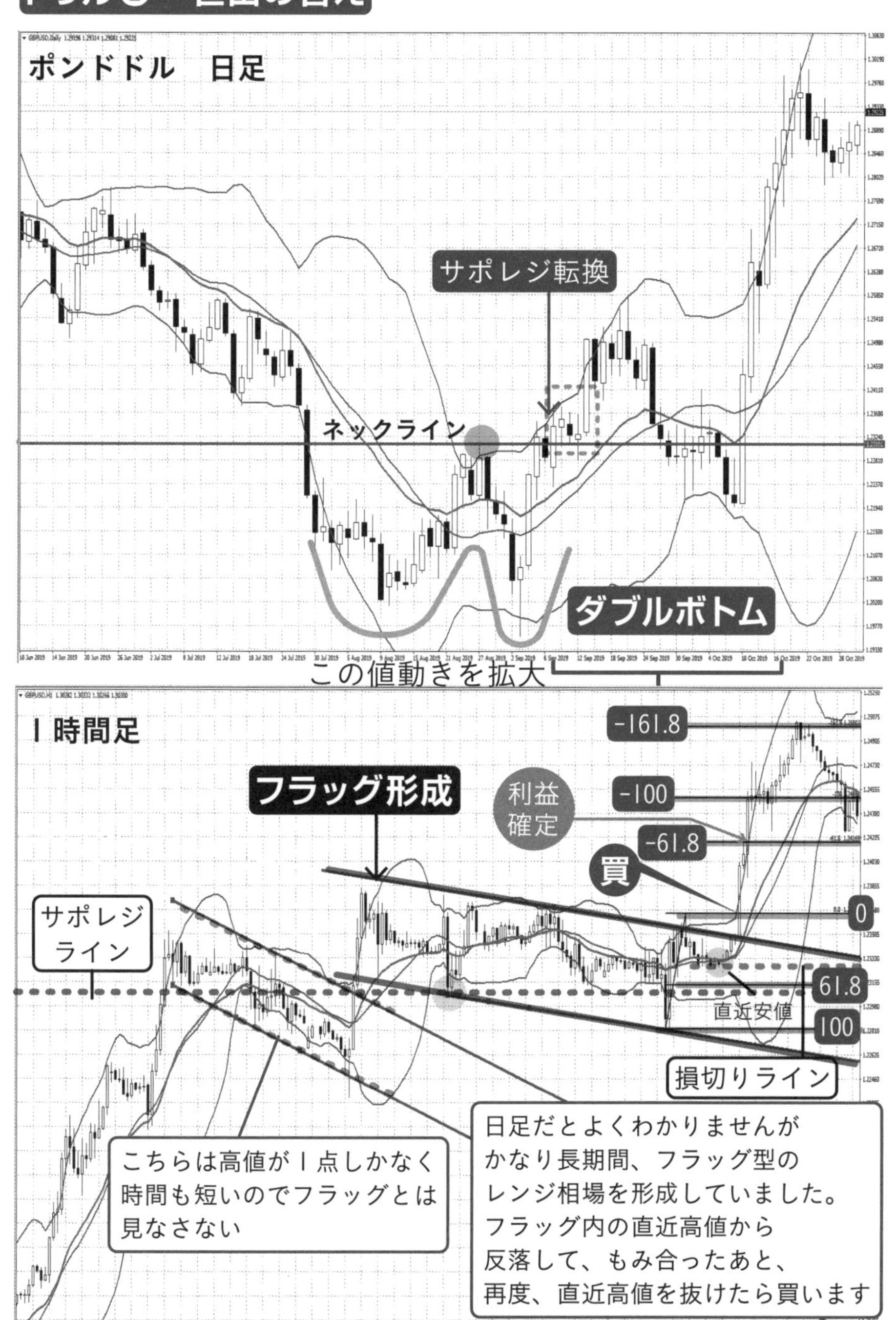
ドリル❷　笹田の答え
ポンドドル　日足
サポレジ転換
ネックライン
ダブルボトム
この値動きを拡大
1時間足
フラッグ形成
利益確定
-161.8
-100
-61.8
買
0
61.8
100
サポレジライン
直近安値
損切りライン
こちらは高値が1点しかなく時間も短いのでフラッグとは見なさない
日足だとよくわかりませんがかなり長期間、フラッグ型のレンジ相場を形成していました。フラッグ内の直近高値から反落して、もみ合ったあと、再度、直近高値を抜けたら買います

図 76 フラッグ・ドリル❸

上の日足でサポレジ転換、
下の１時間足でフラッグを見つけて
エントリーポイントを探してください

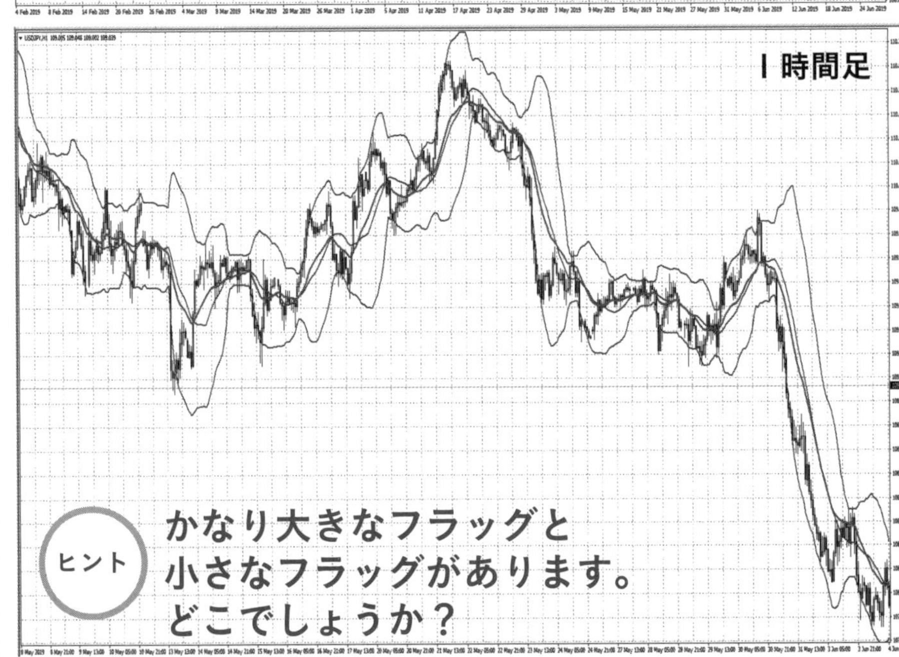

ドリル❸　笹田の答え

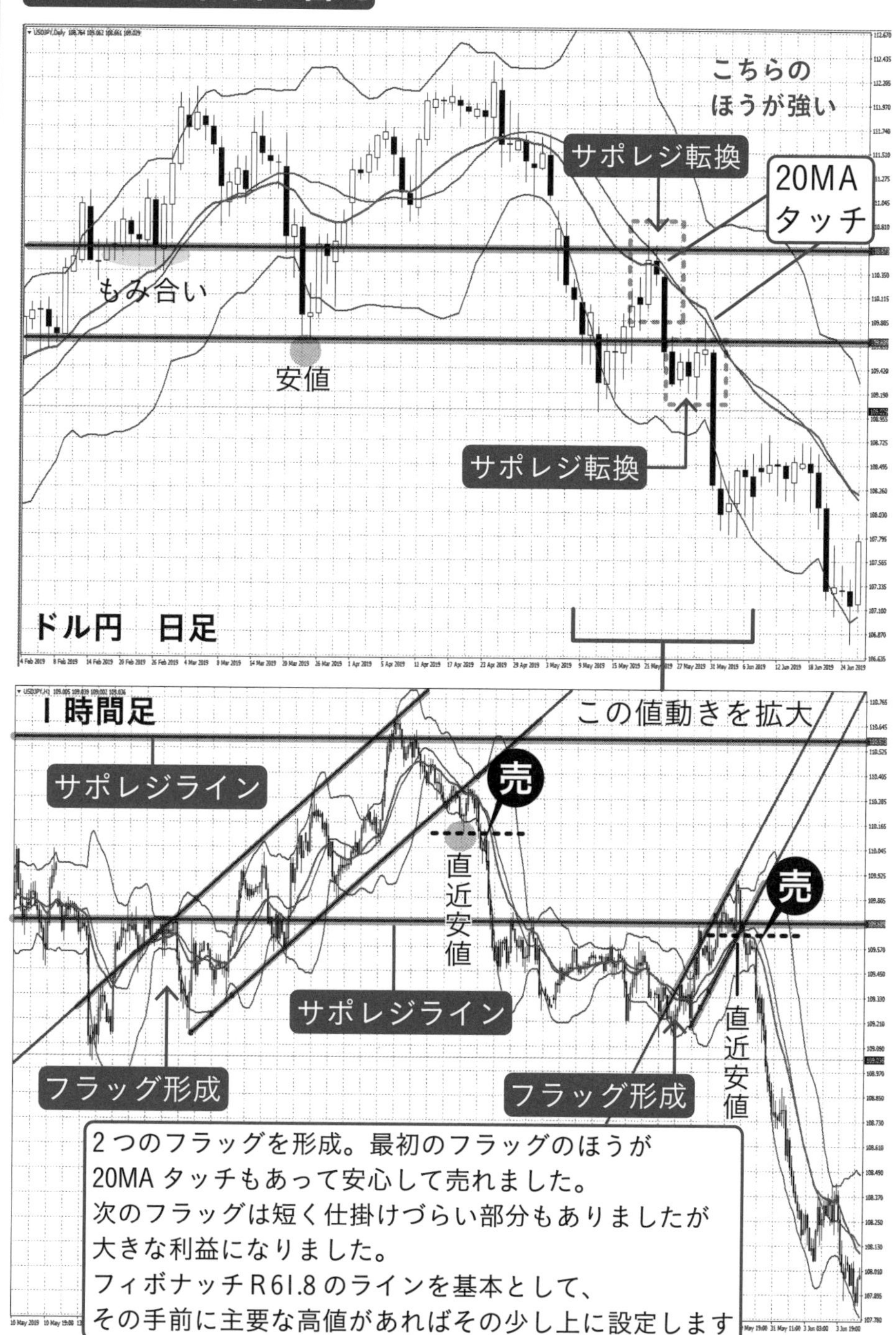

2つのフラッグを形成。最初のフラッグのほうが
20MAタッチもあって安心して売れました。
次のフラッグは短く仕掛けづらい部分もありましたが
大きな利益になりました。
フィボナッチR61.8のラインを基本として、
その手前に主要な高値があればその少し上に設定します

「ウォルフ波動」を使って「レンジブレイク」を予想する方法

「レンジ相場がいつブレイクするのか」というのは難問ですが、予想に使える理論があるのでご紹介しましょう。それが**「ウォルフ波動」**です。

難しいことを抜きに説明すると、トレンド転換時にも現れるウェッジやフラッグの上下動は、上げと下げが合計5波で形成されることが多いという教えです。

たとえば、アップトレンドへの転換時に登場するウェッジの場合、下落①→上昇②→下落③→上昇④ときたあと、次に下落した⑤の安値から①と④を結んだラインまで上昇することが多い、といわれています（**図77**参照)。ダウントレンドの場合はその逆で、5波目の下げが①の高値と④の安値を結んだラインの延長線上まで達する可能性が高い、といわれます。

実際、トレンド転換時の反転上昇・下落やトレンド継続時の押しや戻しの値動きが、5つの上下動をともなうケースは、僕の経験からいっても、かなり多いと思います。

実際のフラッグやウェッジ形成では、**図77**の下降ウェッジでいうと、通常、僕なら、安値⑤から上昇して④の高値を上抜けたところでロングエントリーします。それに対して、ウォルフ波動は⑤の安値で「このあと、上がるだろう」と逆張りして、①と④を結んだライン上まで来たら利益確定する、というもの。さすがに実戦では、まだまだ下落が続くかもしれない⑤の安値で買うにはしっかりした別の根拠が必要です。

そのため、僕自身は「ウォルフ波動」をあくまで環境認識として使っていて、**大きな時間軸でウェッジやフラッグなどレンジの動きが5波まで来たら、「次、大きな動きが起こるかも」と考える**程度に利用しています。

とはいえ、レンジ内の上下動が何回起こるとブレイクしやすいかがわかっていると、ダマシを減らせるのは確か。

そういう意味で、次ページ**図77**下のレクタングル（四角いレンジ）内の値動きで示した、もうひとつの5波も僕の経験則上、よく起こる値動きです。同じレンジ内の上下動でも5つ目の山や谷がレンジの上限や下限に届かないで終わったときは、次に反対方向へのブレイクが起こりやすい、というもの。

これもまた「絶対にそうなる」と断言できるものではないですし、「レンジ内の値動きは5波のはず」という、へんな固定観念をもってしまうと逆にそうならなかったときに大失敗するリスクも高いので、取扱注意です。

ただ、「100％絶対ということは絶対ない」という相場で勝ち残るための知恵として知っておいても損はないと思います。

「ダマシっておいしい」という発想をもつ

FXのトレードにはダマシはつきものですが、「ダマされたから、このトレードルールはもう使いものにならない」と、**必勝法のポイ捨て**を続けていても勝てるはずがありません。

ひとつのトレードルールで勝負してダマシにあって負けたときは、当然

図77　ウォルフ波動とレクタングルの5波後の動き

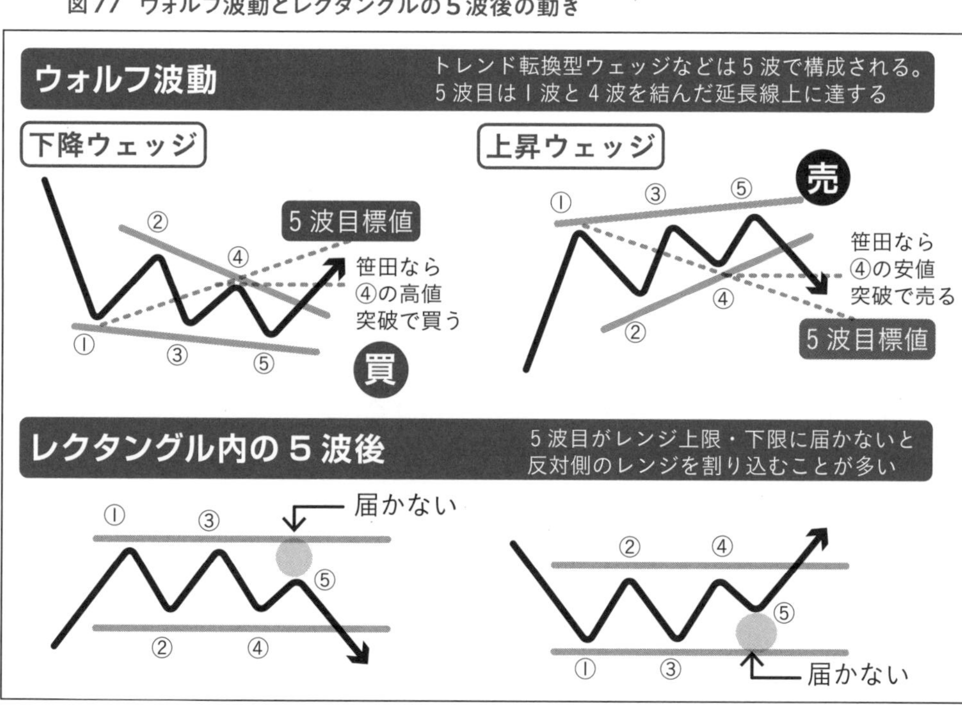

ですが、**「ほんとうにルール通りにトレードしていたか」**、トレンド判断とサポレジ判断という環境認識に立ち戻って、自分のトレードを振り返るべきです。

じゃあ、「トレードルールを完璧に守ったのにダマされた」という場合はどうするのか？　これはもうあきらめるしかない、といいたいところですが、そこであきらめてしまっては悔しい。

そもそも、FX市場に参加している投資家全員が「善人」とは限りません。

数千万ドル（数十億円）以上の巨額資金をつぎこめる巨大金融機関なら、1時間足・4時間足の値動きは簡単に操作できると僕は思います。

そういう金融機関がたとえば、重要顧客の大富豪や大企業から「この高値でドル円を売りさばきたい」と頼まれれば、値動きをある程度つくって、高値更新を演出するケースも日常茶飯事に行われているはずです。

FX相場に限らずすべての相場は、買う人がいるから売る人が売れるので、買う人がいないと売りも成り立ちません。

「高値を勢いよくブレイクしたから買いだ」という買い手をたくさん集めることで、顧客の玉を売りさばく。

そんな売買が横行しているから「高値更新でまだまだ上がるはずなのに急落した」、「レンジ下限を大陰線で割り込んで、さぁ下落だ、と思ったら直後に大陽線が立って急騰してしまった」というダマシが起こるのです。

じゃあ、どうすればいいのか？

もし、大口投資家が意図してダマシを演出した場合、**ダマシ発生後は、これまでの方向性とは正反対に動くことが多い！**　ということなんです。

大口投資家がダマシをつくったのは、そのダマシに多くの投資家がひっかかることで、高く売りさばいたり、安く買い集めたり、損切りのストップロスオーダー発動で逆向きの動きが加速する勢いに乗りたいから。

つまり、「ダマシだっ！」という値動きが起こったら、その反対方向に大きく動くのではないか、と疑うことも大切です。

たとえば右の**図78**は上昇が続いたドル円の4時間足が高値圏でダブルトップを形成したあと、そのネックラインをAのポイントで割り込んだ場面です。クローズアップした①の大陽線から②の大陰線と続く動きがサポレジ転換になっているので、②の陰線でショートエントリーした、としましょう。しかし、結果はそのあとローソク足2本分は小幅に下落したものの、逆にラインAをサポート役にする第2のサポレジ転換（図の青い帯を敷いた部分）が起こって、急激な反転上昇に転じています。

最初のサポレジ転換はダマシだったわけですが、大陽線①→大陰線②という派手な値動きがダマシに終わったことで、「**ダマシの発生は反対方向に振れるシグナル**かも」と余裕をもって考えられるようになりましょう。

この4時間足のダブルトップというのは、より長期足で見ると、ドル円が底打ち反転したあとにできたレンジ相場の上下動にすぎませんでした。日足、週足など、より長い時間軸のチャートもちゃんと見ていれば、図に示した**「上方向へのサポレジ転換」こそ、4時間足がより上位の時間足の流れに合流するシグナル**と察知できました。それがわかっていたら、ネックラインAからの反転上昇を買いで獲ることができたはず。

図78　チャートパターンのダマシで反対方向への動きが加速・具体例

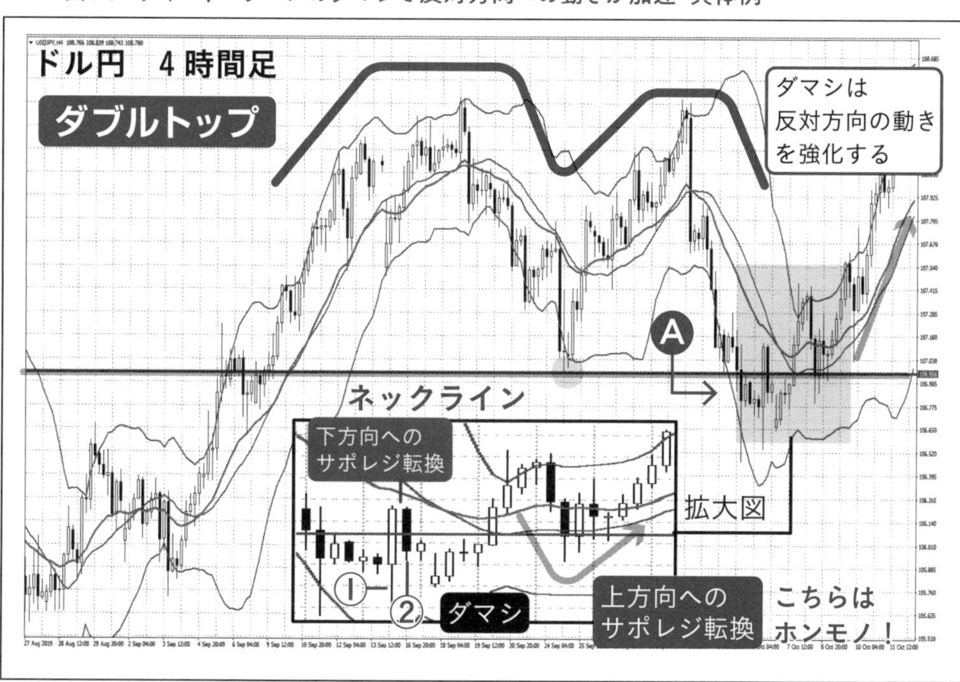

「小さな時間軸の流れは大きな時間軸に支配される」というマルチタイムフレーム分析の教えをしっかり守って、たとえ4時間足で環境認識するときでも日足、週足チャートの大きな流れに乗っているか乗っていないかをチェックすれば、ダマシに遭う確率を大きく減らすことができるんです。

MACDのダイバージェンスで「トレンドの衰退」を察知

「トレンド転換するか、しないか？」を事前に察知するシグナルとして、**オシレーター系指標のダイバージェンス**も有名です。

僕がよく使うオシレーター系指標は**MACD**。これは長期と短期の指数平滑移動平均線（EMA）の間隔、価格差をそのまま指標化したもの。為替レートが上昇して、短期EMAがそれを追いかけ、長期EMAから離れていくと、その差であるMACDもプラス圏へ上昇。上昇の勢いが強い証拠になります。

反対に為替レートの下落が続くと、それを追いかけるスピードの違いで短期EMAと長期EMAのマイナスの値幅が広がるので、MACDはマイナス圏の中で下落していきます。

短期と長期のEMAがクロスしたとき、MACDはゼロになります。なので、MACDが**「0（ゼロ）ライン」**を越えたり割り込んだときはトレンド転換と判断します。

ダイバージェンスは、**為替レートが高値を更新しているのにMACDが高値を更新できず**にじりじりと下落していったり、逆に**為替レートの安値更新が続いているのに、MACDがじわじわと安値を切り上げている**状態を示します。

要するに、為替レートのトレンドは継続しているのに、そのトレンド力が弱くなってしまった状態で、**トレンド転換の前兆**と見なされます。

右の**図79**はポンド円の4時間足チャートですが、為替レートが高値を切り上げ、上昇が続いているのに、MACDの高値は右肩下がりです。

その状態が続いたあと、Aのポイントで20EMAを割り込んで下落。

MACDのダイバージェンスがトレンド転換の前兆として機能しています。

その後、Bの地点で大陽線①と大陰線②が出てサポレジ転換と上値の20EMAタッチが起こって下落しているので（拡大図参照）、ここはスナイプトレードでショートエントリーするチャンスになりました。

MACDを表示して、ダイバージェンスが起こっているかをチェックすることで、より精度の高いトレンド転換のエントリーポイントを探すことができる、というわけです。

ただし、**ダイバージェンスが起こっていても、それにかまわずトレンドが継続するケースも多発します。**「ダイバージェンス＝トレンド転換」と短絡的に考えてしまうと痛い目に遭うので注意が必要です。

MACDなどオシレーター系指標はあくまで相場の過熱ぶりを測る温度計にすぎません。為替相場ではオシレーター系指標が「買われ過ぎ」「売られ過ぎ」シグナルを点灯させていても、一直線の急騰や急落が続くことが多いことは覚えておきましょう。

図79　MACDのダイバージェンスでトレンド転換・具体例

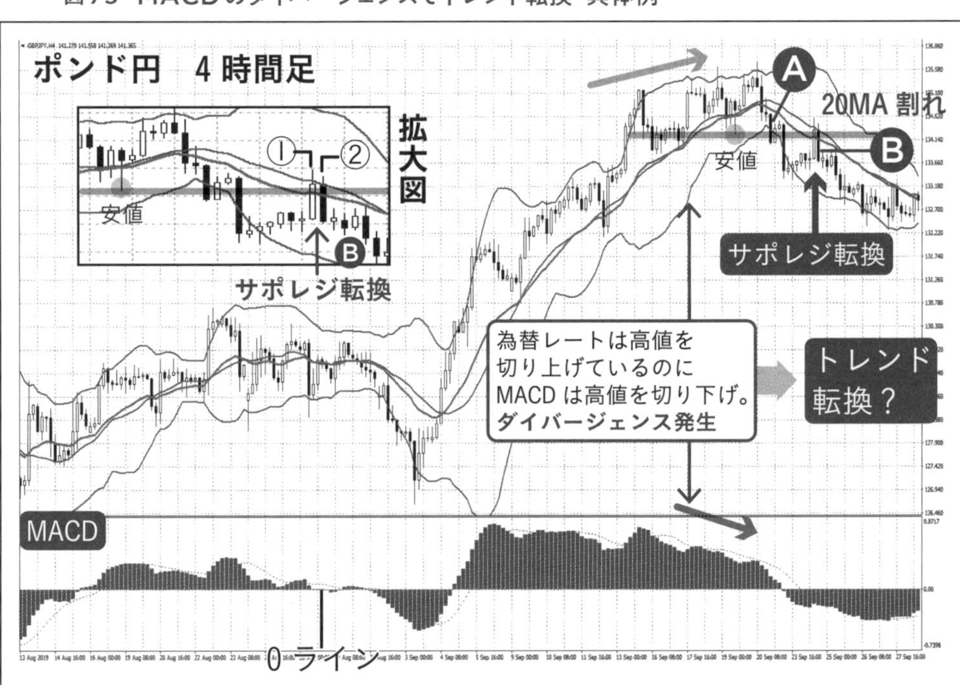

「あくまで参考」と割り切ったうえで、相場の環境認識をするための**サブシグナル**として使いましょう。

「ウェッジ、レクタングル、トライアングル」を狙うのもあり

どんな力強いトレンド相場も一直線に上昇・下降が続くことはまれです。多くの場合は「上昇→レンジ相場→ふたたび上昇」という踊り場型というか、小休止を挟んだあとに急激に上昇してまた小休止、という階段のような動きをしがちです。

フラッグはトレンドが継続するときに出る押しや戻りのひとつの形ですが、ほかにもトレンド継続型のチャートパターンにはくさび型の「ウェッジ」、長方形の「レクタングル」(単純なレンジ)、三角形の「トライアングル」(「三角もち合い」ともいいます) など、さまざまなタイプがあります。

僕自身は、チャートパターンの出現+サポレジ転換でエントリーするのが勝ちやすくて好きですが、フラッグやヘッドアンドショルダーなどの得意なパターン以外は、わかりやすい状況でなければあまり使いません。

しかし、フラッグ以外のチャートパターンブレイクでも稼ぐことができれば、トレードの幅も広がります。

右の**図80**はドル円1時間足の上昇局面ですが、「上昇→横ばい→上昇」の繰り返しでアップトレンドが続いています。その横ばい局面にはAやDの単純なレンジ (レクタングル)、BやCのトライアングル、Eのウェッジ、Fのフラッグなどさまざまな形状があります。基本は**それぞれのレンジの上限を突破したところが上昇再加速のシグナルになる**ということ。

そのレンジブレイクを待ってロングエントリーという売買プランが通用しないわけではありません。当然、サポレジ転換が絡んでこないと勝率は悪くなります。が、単純な長方形のレクタングルでも、その下限ラインが過去にレジスタンスラインとして機能していたなら、レンジの上限をブレイクしたところでサポレジ転換が完成したと考え、ロングエントリーを狙ってもいいでしょう。

値動きの上下動がじょじょに収束して三角形の形になるトライアングルだけは、当初、乱高下が起きて、上に行ったり下に行ったり激しく動くので、そのレンジブレイクに乗るのはかなり難易度が高いと思います。

図80のトライアングルの発生場面では、①や②のローソク足から出た長い上ヒゲがいったん上限ラインをブレイクするダマシが発生しています。

むろん、どのチャートパターンで勝負するかは、好みの問題です。

本書では僕自身がトレードで何度も成功して大好きになったフラッグを主に取り上げましたが、中にはトライアングルのほうがやりやすい、という人もいるかもしれません。

本書で僕が紹介したスナイプトレード、フラッグトレードはあくまで、あなたがFXの生涯スキルを築くためのきっかけです。

本書を読まれたあと、過去のチャートを見て自分なりに考えて、いざ実戦で取引を始めて、トレードルールにアレンジを加えたり磨きをかけることで、初めて、あなた独自のトレードスキルが生まれるのです!

図80　フラッグ以外のトレンド継続型チャートパターン・実戦例

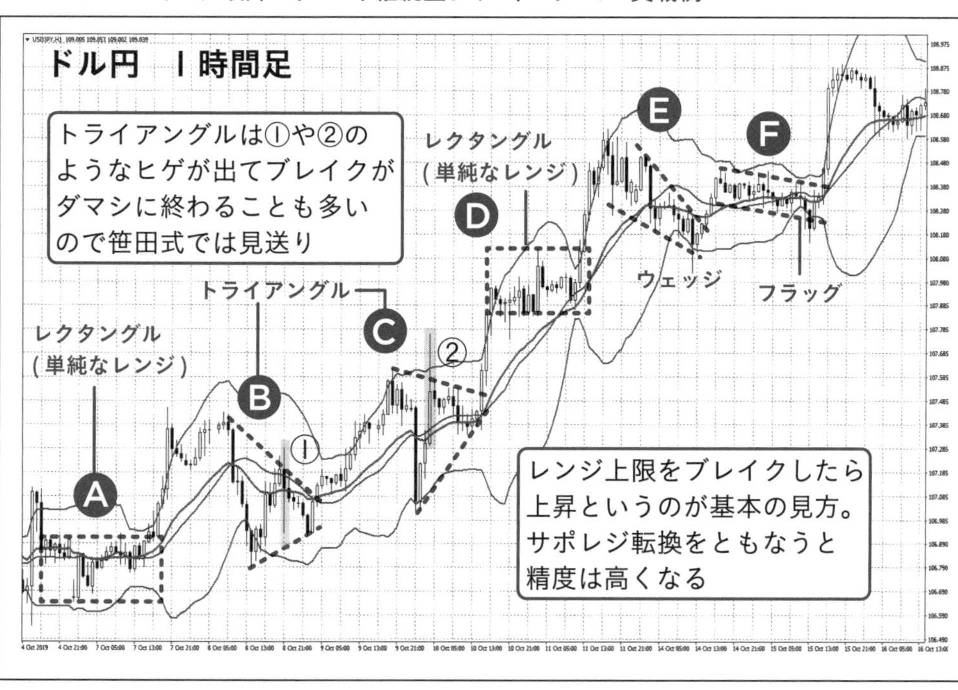

おわりに

FXスキルを最短・最速で成長させるヒント

ここまで読んでいただき、ありがとうございました！

最後に少し、僕がやっている活動についてお話します。

僕のYouTubeチャンネル「ささっちのトレード大学チャンネル」。

ここで「1,000pipsリレー」という企画を行っています。この企画は**たくさんの「プロトレーダー」の方にリレー形式でトレードしてもらって、「全員でトータル成績1,000pipsを目指す」**というもの。

見てもらえればわかりますが、一口に「トレーダー」といっても、スキャルからシステムまで実にさまざま、多種多様なトレーダーがいます。

FXスキルを上げるには、「地道な練習を積み重ねるしかない」。僕は本書でそういいました。ラクな近道はない、と。

でももし、あなたが最短で成長したいというなら、**人より早く「自分に合ったスタイル」を見つけるべき**です。そのうえで努力を積み重ねられたら、あなたはきっとライバルより早く、「稼げるトレーダー」になります。

だから、FXで稼げるようになりたい人は、僕のYouTubeチャンネルをぜひ見てほしい。

きっとあなたの「自分に合ったスタイル」を見つけるヒントがあります。

「公開動画もいいけど、もっとディープなトレード情報も観たいなぁ」

そんな努力家には、**1,000pipsリレー参加者トレーダーと僕の対談動画をプレゼント**いたします。僕がインタビュー形式で、**プロトレーダー８人に根掘り葉掘り、稼ぐための技術を聞き出したもの**。

右のQRコードから僕とLINEの「友だち」になってくれれば、すぐに特典動画が見られます。

視聴者のために（っていうか僕の勉強のためにも）、「ここぞ！」とばかりに、トレードの具体的なやり方を教えてもらったので、興味ある人はぜひご覧ください。**自分でいうのもなんですが、かなり有益な動画**だと思います。

実はこの1,000pipsリレー、もうとっくの昔に1,000pipsを超えています。でも、「いけるところまで行こう！」ということになり、「現在進行形」で、新しいトレーダーさんに参加してもらっています。つまり…まだまだプロトレーダーが登場するということ！　1,000pipsリレーが続く限り、対談ビデオを随時追加していきます。「あなたが気になっているプロトレーダー」も登場されるかもしれませんので、ご期待ください。

なお、**こちらの特典提供は、書店・図書館は関係ございません。ご不明な点があれば、info@trade-academia.netまでお問い合わせを。特典提供は予告なく終了することもあるので、ご了承ください**。

さて、なんだかんだと書き連ねてきましたが、FXのトレードスキルを自分のものにできれば、なにかと「お金の不安」がいわれる今の時代、これほど頼もしい味方はいません。**トレードスキルは、生涯スキル。**本書があなたのスキル向上のヒントになれば、こんなに光栄なことはありません。

最後までお読みいただき、ありがとうございました。

令和２年春

FX職人　笹田喬志（通称ささっち）

「Twitterメンション」備考４つ

❶ 書店、図書館とは一切関係ありません。	❷ 100％の対応できないかもです。見落としたりしたら、すみません。
❸ 予告なく、メンション対応をやめる可能性もあります。	❹ DM（ダイレクトメッセージ）の対応はしません。

って、「注意書き多め」ですけど、**基本、メンションは超絶ウエルカム。**
できる限り対応するので、バンバン飛ばしてくれると光栄です。

笹田喬志（ささだ・たかし）

◎ FX 職人。徳島県在住、トレーダー歴 15 年の堅実派・専業トレーダー。

◎ 2005 年、FX を始めた当初は自己資金 200 万円を 1 年で溶かす典型的な「負け犬トレーダー」だったが、猛省。「なぜ、負けたのか。なぜ、勝ったのか」を実践にフィードバックしているうちに、移動平均線を軸とした、独自の高勝率手法「鉄壁 FX」を確立。以降は、平均年利＋ 20％で自己資金を増やし続け、2014 年には、トレード利益のみでマイホームを購入した。

◎ YouTube「ささっちのトレード大学チャンネル」（登録数 3 万超）、ブログ「FX・暗号通貨のトレード専門ブログ トレード大学」（10 万 PV ／月）、Twitter（フォロワー数 2 万人超）では、投資の情報発信を行い、「トレードスキルは、生涯スキル」をモットーに、「勝てるトレーダー」の育成に注力。

◎また、自身の運営する投資コミュニティ「FIV（フィブ）」（会員数 3,000 人超）では、「投資に学びを、人生に豊かさを」をコンセプトに、正しい知識やお金の教養を身に付けてもらうため、コンテンツを無償で提供。その中で自身のトレードルールも公開し、トレード精度をより高めるため、参加者と一緒に研鑽を重ねている。

◎好きな食べ物は餅。

◎装丁　安賀裕子
◎校正　本創ひとみ、森田悦子
◎編集　荒川三郎

【勝率（しょうりつ） 87.5%】鉄壁（てっぺき）ＦＸ
月収（げっしゅう）35 万（まん）ディフェンス強（つよ）すぎトレード

2020 年 3 月 27 日　初版発行
2023 年 10 月 23 日　5 刷発行

著　者　笹　田　喬　志
発行者　常　塚　嘉　明
発行所　株式会社　ぱる出版

〒 160 - 0011　東京都新宿区若葉 1 - 9 - 16
03(3353)2835 ― 代表　03(3353)2826 ― FAX
03(3353)3679 ― 編集
振替　東京　00100 - 3 - 131586
印刷・製本　中央精版印刷株式会社

ISBN978-4-8272-1218-1　C0033